KB014020

일본 창의력 여행

일본 창의력 여행

지은이 김광희
펴낸이 임상진
펴낸곳 (주)넥서스

초판 1쇄 발행 2015년 5월 5일
초판 3쇄 발행 2016년 1월 5일

2판 1쇄 인쇄 2018년 6월 18일
2판 1쇄 발행 2018년 6월 25일

출판신고 1992년 4월 3일 제311-2002-2호
121-893 서울특별시 마포구 양화로 8길 24
Tel (02)330-5500 Fax (02)330-5555
ISBN 979-11-6165-417-1 03320

www.nexusbook.com
넥서스BIZ는 (주)넥서스의 경제경영 브랜드입니다.

HOW TO BREAK
THE STEREOTYPE

일본에서 마주친
기발하고 비범한 창의력 이야기

김광희 지음

일본
창의력
여행

idea

넥서스BIZ

멀고도 먼 두 나라, 한일(韓日)!
그런 두 나라를 이어줄 한 단어, 창의력!

한·일 두 나라가 가지는 인식은 양극단을 오간다. 그런 괴리감을 상징적으로 표출하는 게 하나 있다. 한쪽에선 국권 침탈의 '원흉(元兇)', 그를 처단한 '의사(義士)'. 다른 한쪽에선 조국 근대화의 '원훈(元勳)', 그를 암살한 '테러리스트'. 그 주인공은 바로 이토 히로부미와 안중근이다. 이 두 사람만큼 작금의 한·일 관계를 대변하는 인물도 드물다.

두 나라는 근래 무조건 상대나 그 수장을 싸잡아 비난하며 모두 네 잘못이라고 으르렁댄다. 왜 그리 목청을 높이는지, 어째서 그렇게 할 수밖에 없는지 이유를 들어볼 생각조차 없다. 두 귀를 막고 각자의 거울 앞에서 자기주장만 되풀이하고 있다. 도무지 접점이라곤 찾아볼 수 없다.

언제까지 이런 감정을 가지고 살 수는 없다. 아무리 미워도 옆에 자리하고 있는 나라를 멀리 보내버리거나 내가 떠날 수는 없는 노릇 아닌가. 그러니 싸울 때는 싸우더라도 판은 깨지 않겠다는 전제하에서 싸워야 한다. 감정이 북받쳐오르더라도 싸잡아 적대시하고 외면해서는 안 된다. 역대 최악이라는 한·일 관계가 이대로 지속된다면, 대립과 갈등으로 점철된 채 돌아올 수 없는 다리를 건너게 될지도 모른다.

이런 와중에도 언론의 보도 편차는 하늘과 땅을 오간다. 감정이 앞선 '일본 때리기'나 무비판적인 '일본 배우기'가 그렇다. 일본 언론도 자유롭지 못하기는 마찬가지다. 몇 년 사이 상대국에 대한 네거티브 보도가 주류를 이루면서 불신과 혐오가 날로 커져가고 있다. 양국 네티즌의 공방에서 고스란히 드러난다. 명심하라, 언론의 첫 번째 소명은 진실하고 객관적인 보도로 국민들의 알 권리를 충족시켜 주는 거다.

대한 독립 만세!!

"나라에 도(道)가 있을 때에는 말과 행동을 담대하고 소신껏 하고, 나라에 도가 없을 때에는 행동은 소신껏 하되 말은 조심스럽게 해야 한다(邦有道, 危言危行, 邦無道, 危行言孫)."

한·일 두 나라의 언론은 이런 공자(孔子)의 지적을 반추해야 한다. 많은 것을 바라지는 않는다. 한·일 관계는 6대 4, 즉 협력 6, 갈등 4 정도면 된다. 불가근불가원(不可近不可遠)의 관계는 있어도, 없으면 못 사는 찰떡궁합의 이웃 나라가 지구상 어디 있는가! 작금의 협력과 갈등도 이웃이기에 감수해야 하는 숙명이다.

극일(克日)의 길은 무엇인가

얼마 전부터 일본에서 들려오는 소식의 주류는 보수 정권의 왜곡된 정치 행태와 수정주의적 역사관, 극우 세력이 날뛰며 벌이는 반한(反韓)과 혐한(嫌韓)에 관한 것들이다. 지난 질곡의 세월을 떠올릴 때면 울화통이 터지고 괘씸하기 짝이 없다.

그렇다면 반한과 염한의 진원지는 어딜까?

국가수반이 친중 반일의 외교 행보를 보이자 일본 우익은 물론 대중과 언론마저 한국에 등을 돌리기 시작했다. 아시아의 맹주 자리도, 세계 제2위 경제 대국 자리도 중국에 넘겨준 혼란한 상황에 동맹이라 믿어왔던 한국에 대한 실망과 분노의 표현이 반한과 염한으로 표출되었다. 정작 맞붙은 시어머니보다 중간에서 눈치를 보며 이익이나 챙기는 것처럼 비친 시누이가 더 얄미웠던 모양이다.

일본은 한·일 협정으로 모든 청구권 문제를 매듭지었고, 수차례 한국에 사과했는데 무엇을 더 사과하라는 것이냐며 되레 반격까지 해온다. 적반하장이 아닐 수 없다. 한국이 궁핍하던 시절, 일본이 우월감과 함께 지녀왔던 우리에 대한 부채 의식이 이제는 경계심으로 바뀌고 있다.

우리 사회에도 반일 감정이 뿌리 깊기는 마찬가지다. 두 나라의 얽힌 근대사는 여러 쟁점에서 객관성이라는 요소를 종종 흐리게 만든다. 하지만 이제는 일본에 대한 근대사 콤플렉스를 던져버려도 될 만큼 우리의 의식 수준도, 국력도 성장했다.

그동안 일본은 우리의 훌륭한 교과서였다. 한 페이지씩 넘겨가며 근대화와 산업화의 노하우를 습득했다. 그러나 일본을 가리켜 "이미 제쳤고, 이젠 지는 해다"라고 으스대며 교과서를 당장 덮어버려서는 안 된다. 여전히 한국은 일본이라는 교과서로부터 배워야 할 게 참 많다. 일본의 실체를 제대로 꿰면 우리의 미래상과 방향성을 그리 어렵지 않게 헤아려 지혜를 모을 수 있다.

많은 정치인이 국익보다는 표를 우선시한다. 하지만 한·일 관계를 무시하는 정치인은 곤란하다. 인기를 얻은 정치인에겐 다행이겠지만, 국가와 국민에게 형

클어진 미래는 큰 불행이다. 대중은 일본과 관련된 이야기에는 귀를 쫑긋 세운다. 좋은 일이든 나쁜 일이든 비교 대상의 맨 윗줄에는 늘 일본이 올라가 있다. 정치와 그에 편승한 일방적 정보 때문에 경제와 민간 교류까지 발목을 잡혀서야 되겠는가.

상처를 헤집는 일본이나 경직된 한국이나 오십보백보다. 외교에서 상대국에게 도덕성을 요구하거나 그 진정성 여부를 헤아리는 건 상당히 어렵다. 국민 정서와 실리 추구 사이에서 정부의 고민은 깊어만 간다. 이제는 정서를 주도해 실리를 찾을 때도 됐다.

동서고금의 교린(交隣) 관계에서 힘의 위계질서를 앞선 도덕이나 정의가 과연 얼마나 존재했는가! 화평굴기(和平崛起)를 믿는다면 당신은 정말 순진한 사람이다. 역사의 진실도 국력이 없으면 공허한 메아리일 뿐이다. 유사 이래 스스로 지켜낼 힘이 없는 존재를 남이 존중해준 사례는 없었다. 근래 사드를 둘러싼 중국의 민낯을 통해 이를 재확인했다.

그렇다면 외교를 시작으로 우리 경제와 안보 등에 총체적 악영향을 미치고 있는 대일 관계를 어떻게 풀어야 할까? 괘씸하더라도 우선 부지런히 만나야 한다. 똥은 피하면 되지만 외교는 더럽다고 피하고, 밉다고 외면해도 될 만큼 가벼운 사안이 아니다. 대화의 문을 닫으면 문제 해결의 실마리를 찾을 수 없다.

이 책은 작금의 복잡다단한 한·일 관계를 논하고 있지 않다. 지난 2014년 연구년을 맞아 일본 도쿄에 머물며 조우한 톡톡 튀는 창의력을 모티브로 기획한 내용이다.

먼저 Part1 '일본의 창의력을 훔쳐보다'에서는 일본에서 접한 기발한 스토리와 남다른 창의적 소재들을 발굴해 그 배경을 조명하고자 했다. 이 가운데 매력적인 내용들은 벤치마킹이라는 이름으로 우리 사회나 기업에 소화·흡수됐으면 하는 바람이다.

우리가 잘나가는 이유가 궁금해?

Part2 '일본을 느끼고 직시하다'에서는 일본의 일상에서 느끼고 바라본 몇 가지 소재를 다루었다. 이웃 나라는 자기 나라를 비추는 명확한 거울이다. 현재 일본이 당면하고 있는 사안이나 난제는 조만간 우리 사회가 경험하게 될 미래다. 일본 사회의 거시적 흐름을 미리 파악해 머지않아 마주하게 될 난제를 기회로 바꾸는 밑거름이 되었으면 한다.

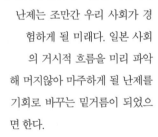

나는 접어봤다! 너는 늙어봤니?

마지막 Part3 '일본을 보며 한국을 생각하다'에서는 오늘날 우

리나라와 기업들이 겪고 풀어야 할 몇 가지 문제점을 일본 (기업)과 견주어 진단했다. 비록 한정된 영역을 다루었으나 향후 우리 경제와 사회가 나아갈 방향성에 대해 필자 나름의 대안도 짧게 피력했다.

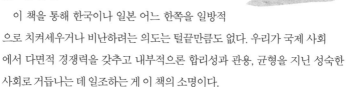

책 중간중간에는 'Coffee Break'를 마련해 독자들의 흥미를 돋우거나 본문을 보충하는 내용들로 채웠다. 창의적 사고의 폭을 조금이라도 넓히는 계기가 됐으면 한다.

이 책을 통해 한국이나 일본 어느 한쪽을 일방적으로 치켜세우거나 비난하려는 의도는 털끝만큼도 없다. 우리가 국제 사회에서 다면적 경쟁력을 갖추고 내부적으론 합리성과 관용, 균형을 지닌 성숙한 사회로 거듭나는 데 일조하는 게 이 책의 소명이다.

자, 다음 문제를 풀어보라. 당신이 탁월한 암산 능력의 소유자라면 머리만 사용해도 좋고, 그게 아니라면 스마트폰의 계산기를 활용해도 좋다. 단, 30초 내에 풀어야 한다.

$$(10 - 3) \times (9 - 3) \times (8 - 3) \times \cdots\cdots \times (2 - 3) \times (1 - 3) = ?$$

이 정도 문제는 누워서 떡 먹기라고 생각하는 사람도 있을 것이고, 서둘다가 중간에 꼬여 시간을 모두 날려버린 사람도 있을 것이다. 알고 보면 무척 쉬운 문

제다. 이 문제의 답은 바로 '0'이다. '……'로 이어진 부분, 즉 생략된 부분에 '(3
－3)'이 있기 때문이다. 곧장 눈에 보이지 않는 영역이나 부분을 잘 헤아리지 못
하는 것이 인간의 약점이다. 우리의 발상이나 창의력이 그래서는 곤란하다.

　중국집에서 부서 회식을 하는데, 부서장이 점잖은 목소리로 "먹고 싶은 거 있
음 알아서들 시켜. 나는 짜장!"이라고 말했다. 이때 풋내기 직원이 당당하게 "저
는 간짜장에 탕수육이요"라고 말한다면 어떨까? 아마도 그의 앞에 피곤한 직장
생활이 기다리고 있지 않을까.

　눈을 돌리면 우리 사회에는 여전히 추종적 사고가 만연하다. "인간을 원
본(原本)으로 세상에 내려보냈거늘, 어느 순간부터 세상천
지가 복사본으로 가득해졌다"라는 신의 탄식이 들려오는 듯하다. 우리
는 유일무이한 독창적 인격체다. 남의 뒤꽁무니나 따라다니다 삶을 마감해서야
되겠는가. 피곤할지언정 당당하게 자신의 의사를 밝힐 줄 아는 풋내기 직원이
되어보는 건 어떨까. 머지않아 피곤함은 큰 활력으로 뒤바뀔 것이다.

체력에는 한계가 있어도 뇌에는 한계가 없다. 아무쪼록 필자의 어쭙잖은 글을 통해 이웃 나라의 노하우와 창의력을 엿보고 발상 전환과 부가가치 창출의 동인(動因)이 된다면 더없이 기쁘겠다.

끝으로 이번에도 출간에 많은 도움을 준 넥서스의 임직원 여러분에게 깊은 감사의 인사를 드린다.

김광희

CONTENTS

Part 2

일본을 느끼고 직시하다

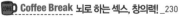

Part 3

일본을 보며 한국을 생각하다

Part1에서는 일본에서 접한 기발한 스토리와 남다른 창의적 소재들을 발굴해 그 배경을 조명하고자 했다. 이 가운데 매력적인 내용들은 벤치마킹이라는 이름으로 우리 사회나 기업에 소화·흡수됐으면 하는 바람이다.

일본의 창의력을
훔쳐보다

일본을 홀린
그녀들만의 비밀

2017년 8월까지 연속 30개, 통상 31개의 싱글 음반이
발매된 지 일주일 만에
밀리언셀러(100만 장 이상 판매)가 된 가수!
일본 최고의 음악 인기 차트인 오리콘(Oricon)의 연간 순위에서
2010년부터 2017년까지 8년 연속 1위를 차지한 가수!

대체 어떤 가수가 이런 괴력을 지닌 걸까!

일본에서 폭발적인 인기를 끌고 있는
여성 아이돌 그룹 AKB48이 바로 그 괴력의 주인공이다.
사실 AKB48의 밀리언셀러 등극 배경에는 듣도 보도 못한 놀라운 전략이 숨어 있다.
알고 보면 지극히 단순한 시스템이다.

왜 우리는 지금껏 그런 시스템을 몰랐을까?

밀리언셀러 뒤에 숨어 있는
기상천외한 발상

정말 놀랍고 기상천외하다. 전 세계 음원 시장이 대부분 디지털화된 지 오래고, 일본의 음악 시장에서도 20만 장 이상 판매하는 음반을 찾아보기 힘들다. 이런 상황에서 출시하는 음반마다 가뿐히 100만 장을 돌파하는 AKB48의 위력은 어디서 오는 걸까?

사실 그녀들은 관객들의 눈을 단숨에 사로잡는 청순미와 쭉쭉 뻗은 팔다리, 파워풀한 댄스, 출중한 가창력 등과는 거리가 있다. 평균 신장이 160cm를 밑도는 이들은 작고 호리호리하며 가창력과 댄스는 거의 아마추어 수준이다. 그럼에도 2005년 데뷔 이래 10년 이상 일본의 국민 아이돌로 주목받고 있다.

이 그룹은 '졸업(卒業)'이라는 독특한 멤버 충원 시스템을 갖추고 있다. 졸업이라는 이름 아래 오래 활동한 멤버는 내보내고 총선거를 통해 새로운 멤버를 발탁함으로써 그룹의 참신함을 이어간다. 이 때문에 한국 아이돌 그룹처럼 멤버들의 결혼과 입대, 탈퇴 등에 그룹의 존폐가 결정되는 일은 없다. 이게 AKB48의 장수 비결 가운데 하나다.

휴대용 전자 애완동물 사육기 '다마고치'를 기억하는가? AKB48이 지향하는 아이돌 상(像)은 팬들이 직접 참여해 육성시켜나가는 이른바 '다마고치형'이다. 팬들은 자신들의 열광적 지지를 통해 나날이 성장하는 그녀들을 보며 대리 만족을 느낀다.

'AKB48'이라는 그룹 이름 때문에 많은 사람이 멤버의 수가 48명이라고 오해하곤 한다. 실제로는 정규 멤버와 연습생을 합쳐 100여 명이 넘는 대가족이다. 기네스북에 등재돼 있을 정도다. 그만큼 다양한 조합과 폭넓은 활동이 가능하다. 자매 그룹으로는 일본 내에 SKE48, NMB48, HKT48, NGT48, SNH48, STU48 등이 있고, 국외에 JKT48(자카르타), BNK48(방콕) 등이 있다. 현재는 마닐라를 거점으로 하는 MNL48, 타이베이를 거점으로 하는 TPE48 프로젝트도 진행 중이다. 이 모든 그룹을 총칭해서 'AKB48 그룹' 혹은 '48그룹'이라 부른다.

가창력과 댄스 실력에서 아마추어 냄새가 폴폴 풍기는 그녀들이지만, 이면엔 프로 뺨치는 탁월한 전략이 숨어 있다. 그렇다고 해서 그 전략이 난해하거나 까다롭거나 하진 않다. 그동안 아무도 떠올리지 못한 것일 뿐. 아니, 어쩌면 떠올렸는데 현실화시키지 못했을 가능성도 있다.

현실에서 구체화시킨 것,
그 점이 관건이다.

AKB48이 구사하는 전략의 핵심은 싱글 음반을 구매한 사람에게 주어지는 두 가지 특전, '악수회 참가권'과 '총선거 투표권'이다.

특전 1. 악수회 참가권

AKB48의 팬 서비스는 우리의 고정관념을 송두리째 무너뜨린다. 아이돌은 TV 공개 방송이나 공연장을 찾아야만 만날 수 있다는 기존 발상을 뒤엎은 이들이 바로 AKB48이다. AKB48은 그룹을 결성할 때 '만나러 가는 아이돌'이라는 캐치프레이즈를 홍보 전면에 내세웠다. 실제로 AKB48은 도쿄의 전자 상가인 아키하바라의 전용 극장(AKB48 극장)에서 거의 매일 공연을 한다. 그로 인해 극장 주변은 일본인은 물론, 외국인들이 찾는 성지가 되었다. 덕분에 퇴색되어가던 아키하바라 전자 상가는 다시 활력을 얻었다.

비단 공연만이 아니다. 이들의 음반을 구입하면 그 안에 들어 있는 참가권으로 악수회에 참가할 수 있다. 팬들은 평소에 악수를 하고 싶었던 멤버와 실제로 대면해 악수를 나눌 수 있고, 10초 이내라는 짧은 시간이기는 하지만 간단한 인사말과 응원의 메시지를 전할 수 있다.

악수회에는 '전국 악수회'와 '개별 악수회'가 있고, 많게는 10만 명까지

모이는 악수회가 열리기도 한다. 여러 장의 싱글 음반을 한꺼번에 구입해 그 안에 든 악수회 참가권을 한 장씩 써가며 몇 번이고 다시 줄을 서는 열성 팬도 적지 않다. 이런 과정을 통해 팬들은 AKB48과 끈끈한 유대 관계를 형성하며 이른바 충성 고객으로 남는다. 이런 악수회 전략은 누가 뭐라 해도 AKB48의 음반을 밀리언셀러로 만든 일등 공신이라고 할 수 있다.

특전 2. 총선거 투표권

일반적으로 총선거(總選擧)란 국회의원을 한 번에 새롭게 뽑는 선거를 말한다. 하지만 여기에서는 지난 2009년에 도입돼 매년 실시하고 있는, AKB48 멤버를 두고 벌이는 '총선거'를 가리킨다.

팬들의 인기투표라고 할 수 있는 총선거를 통해 차기 싱글 음반에 참여할 멤버와 무대 포지션이 결정된다. 인기투표에서 1등을 한 멤버에게는 그해 각종 행사나 촬영 시에 무대 맨 앞 중앙에 설 수 있는 자격이 부여된다. 모든 매체의 스포트라이트를 한몸에 받으며 자신의 가치를 천정부지로 올릴 수 있어 멤버라면 누구나 열망하는 꿈의 자리다.

AKB48 멤버들은 그런 영예로운 자리를 차지하기 위해 모두 필사적이다. 야박하지만, 멤버들 사이에 인기 서열화를 부추겨 내부에서 끊임없이 경쟁을 벌이도록 만든 구조가 바로 총선거다.

지구촌 누구나 총선거의 유권자가 될 수 있지만, 아무나 투표권을 가질 수 있는 것은 아니다. 앞서 말했듯 유권자로 참여하려면 투표권이 든

AKB48의 싱글 음반을 구입해야 한다.

대통령 선거나 국회의원 선거처럼 '1인 1표'가 아닌 '1인 다표'라는 점도 주목할 만한 특징이다. 따라서 자신이 좋아하는 멤버를 위해 수십 혹은 수백, 수천 장의 음반을 사재기해 몰표를 던질 수도 있다. 실제로 그런 일이 공공연하게 벌어지면서 AKB48 음반의 밀리언셀러 달성에 지대한 공헌을 하고 있다. AKB48의 공략 대상도 10대 청소년이 아닌, 구매력을 가진 성인 남성이다. 그런 측면에서 총선거라는 형태의 이벤트는 인간의 경쟁 심리를 정확히 읽어낸 시스템이라 할 수 있다.

지난 2014년 5월, 이들의 싱글 음반인 〈Labrador Retriever〉는 발매 당일에 146만 2,000장을 판매하는 기염을 토했다. 또한 2017년 8월에 발매한 싱글 음반 〈좋아해(好きなんだ)〉도 발매 당일 103만 7,000장을 팔아 치웠다. 입이 다물어지지 않을 지경이다.

제9회 AKB48 선발 총선거(2017년)에선 총 득표 수가 338만 2,368표나 될 정도로 팬들의 참여 열기가 뜨거웠다. 일본은 물론, 중국, 대만 등 해외 팬들도 참여한 결과다. 개표는 실제 선거처럼 TV에서 생중계될 정도로 엄청난 관심 속에서 진행된다. 일본 정부의 실제 총선거보다 AKB48의 총선거에 더 많은 관심이 몰린다. 'AKB48의 총선거에 일본 열도가 들썩거린다'라는 표현이 전혀 이상하지 않을 정도다.

더욱 놀라운 일은 총선거 직후 일본의 스포츠 전문 매체인 〈닛칸스포츠〉에서 호외를 발행한다는 사실이다. 아무리 인기가 높다고는 하지만 걸 그룹의 인기투표 결과를 몇 년째 호외로 뿌릴 정도면 AKB48에 대한 일본인들의 관심이 어느 정도인지 짐작할 수 있다.

우리가 잘나가는 이유가 궁금해?

아이돌은 상품인가, 사람인가

악수회 참가권이라는 철저한 팬 서비스와 총선거라는 대형 이벤트를 교묘하게 음반 판매로 연계시킨 AKB48의 전략은 일본에서 커다란 성공을 거뒀다. 그로 인해 AKB48은 일본을 대표하는 최고의 여성 아이돌 그룹이라는 영예로운 자리를 꿰찼다. 한마디로 그들은 메말라가는 음반 시장에 내린 단비 같은 존재다.

그렇다면 아이돌은 상품인가, 사람인가?

스타가 되겠다는 앳된 아이들과 그들을 길러 돈을 벌려는 소속사! 아이돌의 화려함 뒤에는 다양한 형태의 욕망과 짙은 그림자가 한데 뒤엉켜 굴러간다.

멤버들은 악수회 참가권을 구매한 팬들과 몇 시간이고 악수를 나누며 고난(?)의 교류를 이어가야 한다. 악수회 도중에 톱을 든 남성 팬의 공격을 받아 한 멤버가 손과 얼굴 등에 부상을 입는 사건이 일어나기도 했다.

또한 일단 AKB48의 멤버로 뽑히면 엄격한 매니지먼트 시스템에 따라 사생활은 모두 접어야 한다. 모두 피 끓는 청춘임에도 이성 교제는 꿈도 꾸지 못한다. 하루하루 상상을 초월하는 스케줄을 소화해야 하는 등 혹사를 당한다는 부정적 평가가 잇따른다.

그들에게 할 거 다 하고, 잠잘 거 다 자면서 스타가 되겠다는 것은 부질없는 희망일 뿐이다. 엄청난 시간과 비용을 투자한 소속사 입장에서는 어떻게 해서든 밑천을 회수해야 한다. 물고 물리는 약육강식의 냉엄한 현장을 그녀들을 통해 확인할 수 있다.

사실 악수회 참가권이나 총선거 투표권을 확보하기 위해 똑같은 음반을 수십 혹은 수백 장씩 구매하게 만드는 AKB48의 판매 전략에 대중의 시선이 마냥 곱지만은 않다. 빗나간 'AKB 상법'이란 말로 비난하기도 한다. 일부 광팬들은 악수회 참가권과 총선거 투표권을 목적으로 음반을 대량 구매해 티켓만 빼내고 음반은 곧바로 중고 가게나 온라인 경매에 저가로 내놓아 시장을 교란시키기도 한다.

그런 이유로 악수회 참가권이나 총선거 투표권은 사회적으로 불합리한 행위이자 지나친 상술이라는 지적이 끊이지 않는다. 또 다른 모습의 자원 낭비인 것도 분명하다. 여기에 더해 대규모 인원으로 밀어붙이면서 한정된 가요계에서 다른 아이돌 그룹이 설 자리를 빼앗는다는 비판도 있다.

그럼에도 AKB48을 떠받치는 두 기둥인 악수회 참가권과 총선거 투표권은 대단히 참신하고 기발하며 창의적 발상임은 틀림없다.

비단 연예 분야만이 아니라
각종 비즈니스나 아이디어 콘셉트 등에서
약간 비틀거나 다듬어 응용해 보면 어떨까?

chapter 02 ➡ ➡ ➡ ➡

이 계산대,
어디가
이상한 걸까

한 슈퍼마켓의 매장 밖(계산대 주위) 모습이다.

평소에 당신이 이용하고 있는 마트의 계산대와 다른 점을 찾아보라.
"계산대가 그게 그거지, 뭐 특별한 게 있겠어?"라며 투덜대지 말고
유심히 살펴보기 바란다.

단숨에 차이점을 알아챘다면, 이런 상식을 벗어난 모습의 계산대가
만들어진 배경에 대해서도 고민해보자.

고객 서비스의 최첨단,
오제키

오제키(大関)는 일본 국기(國技)인 스모계에서 요코즈나(橫綱) 바로 아래 단계. 쉽게 말해 스모계 2인자에 해당하는 것이 바로 오제키다. 챔피언인 요코즈나로의 승진을 꿈꾼다면 오제키로서 두 번 연속 우승을 하거나 거기에 준하는 성적을 올리고 스모 선수에 걸맞은 품격을 갖추었다는 평가를 받아야 한다.

다만, 여기에서는 스모계의 오제키가 아니라, 식료품이 충실히 갖추어진 것으로 유명한 슈퍼마켓 업계의 챔피언 '오제키(Ozeki)'에 관해 언급하려 한다.

20%대 70%

1957년에 창업한 오제키는 28년 연속(2016년 2월 기준) 매출액(945.7억 엔)이 증가할 만큼 경이로운 회사로, 수도권에 걸쳐 약 40개 점포가 영업을 하고 있다. 오제키가 내세우는 경영 이념은 크게 세 가지다.

- 고객 제일주의
- 개별 점포주의
- 지역 밀착주의

자신들의 철학, 오제키이즘(ism)이 그대로 녹아들어 있는 이념이다. 수도권, 특히 도쿄를 중심으로 사업을 펼치고 있는 오제키는 비록 출점 수는 많지 않으나 숨은 우량 기업으로 평가받고 있다. 동종 업계에서는 이른바 잘나가는 점포가 유난히 많은 슈퍼마켓으로도 유명하다. 지금껏 단 한 개의 점포도 문을 닫지 않았다는 사실도 오제키의 명성을 더욱 높여준다.

오제키는 박리다매가 공공연하게 횡행하는 슈퍼마켓 업계에서 탁월한 수준의 경상이익률 및 생산성을 통해 평당 매출액, 1인당 매출액, 재고 회전율 등에서 업계 최고를 기록하고 있다. 일반 슈퍼마켓의 경상이익률이 2~3% 정도인 데 반해, 오제키의 경상이익률은 무려 7.3%로 월등히 높다. 또한 동종 업계의 정규직 사원 비율이 약 20%인데 반해, 오제키의 정규직 사원 비율은 무려 70%로, 이례적이라고 할 만큼 높다. 오제키의 관계자는 "특히 정규직의 경우, 책임감이 강하고 이익에 대한 집착이 강해 오제키의 업적 향상으로 직결된다"라고 말했다.

이곳에서는 신입 사원이 들어오면 자신이 원하는 직종에 100% 배정하는 것을 기본 방침으로 삼고 있다. 그로 인해 신입 사원의 중도 퇴사율이 적고 경쟁사보다 한발 앞서 전문가로 성장해나간다.

© Kim Kwang Hee.

또한 사내 교육(OJT)에도 많은 시간을 투자해 고객 요구에 언제라도 신속하게 대응할 수 있는 조직 및 인재 육성에 힘을 쏟고 있다. 이런 방침들이 오제키의 탁월한 생산성과 매출액을 지탱하는 힘의 원천이다.

계산대에 주목하라

오제키의 가장 큰 특징이라면 누가 뭐라 해도 '계산대의 방향'이다. 평소 당신이 이용하는 할인점이나 마트의 계산대를 떠올려보라. 계산대 앞에 서 있는 직원이 매장 안쪽에서 들어왔을까? 아니면 매장 바깥쪽을 통해 들어왔을까? 아마 대부분의 계산대는 매장 안쪽으로 개방되어 있어 있어 직원은 안쪽에서 들어와 현재 계산대의 위치에 서 있을 것이다. 하지만 오제키의 계산대는 직원들이 매장 바깥쪽을 통해 들어올 수 있게끔 반대로 설계돼 있다.

왜 그런 걸까?

바로 여기에 고객 제일주의를 몸소 실천하기 위한 오제키만의 노하우가 숨어 있다. 어린이를 동반한 고객이나 몸이 불편한 고령자 등이 계산을 끝내면 계산대 직원은 바구니에 담긴 물건을 포장대로 옮겨준다. 경우에 따라서는 계산대 직원이 고객이 들고 갈 비닐 봉투에 구입 물품을 직접 담아주기도 한다. 또한 구입한 물건을 포장할 때 어떤 문제가 있거나 힘들어하는 고객이 있다면 줄곧 지켜보기라도 한 듯 곧바로 계산대 직원이 다가가 고객을 도와준다.

이런 서비스가 가능한 것은 다른 곳과는 반대 방향으로 개방된 계산대 덕분이다. 계산대가 외부 포장대 방향으로 개방되어 있지 않다면 현재와 같은 서비스는 불가능하다. 점내가 바빠지면 사장과 점장도 계산대에 서서 일을 돕고, 밖에서는 임원들이 고객들이 타고 온 자전거를 정리하느라 분주하다. 70%의 사원이 정규직이라는 점도 이런 섬세한 서비스를 가능하게 만들었다.

고객 제일주의라는 경영 이념을
몸소 실천해 보여주는 유쾌한 사례다.

비단 오제키만이 아니더라도 일본의 많은 가게에서 고객이 구입한 물품을 계산대 직원이 비닐 봉투에 직접 담아준다. 그냥 막 담아주는 것이 아니라 깨지거나 뭉개지는 일이 없도록 종류별로 분류해 가지런하게 담아준다.

오제키의 창업자인 고(故) 사토 타츠오(佐藤達雄)가 자신의 아내와 나눈 대화는 오제키의 고객 제일주의를 엿볼 수 있는 유명한 에피소드로 전해진다.

"여보, 우리 집에는 돈이 얼마나 있어야 생활이 가능하죠?"

"하루에 250엔에서 300엔이면 돼요."

"그럼, 나머지는 모두 고객에게 환원합시다. 불필요한 이익은 줄여 고객들을 즐겁게 만들어주자고."

고객이 없으면 우리도 없다!

어떤 용도의
자전거일까

우리나라의 자전거 문화는 건강이나 취미 활동의 일환으로 자리매김해 있는 반면,
일본의 자전거 문화는 주요 교통수단으로 생활 속에 녹아 있다.
말끔히 정장을 차려입은 직장인, 동네를 순찰하는 경찰관,
보육원에 아이를 데려가는 엄마, 시장에 가는 할머니에 이르기까지
일본인들의 자전거 사랑은 남녀노소를 가리지 않는다.
자전거 천국이라고 해도 과언이 아니다.

그에 비례해 규제도 엄격하다.

신호 무시나 음주운전, 차도 오른쪽 주행 등 규정된 14종류의 위험 행위를 하다가
2회 이상 적발되면 안전 강습을 받아야 한다.

위 사진을 보라. 자전거는 자전거인데, 조금 특이하다.
의문의 장비가 자전거 앞뒤에 설치되어 있다.

이는 대체 어떤 용도일까?

외국인이 선택한
일본의 놀라운 50가지

　유사 이래 가장 많은 외국 관광객이 일본을 찾고 있다. 특히나 중화권(대만, 중국, 홍콩)의 관광객들이 물밀듯이 몰려오고 있다. 그중 한 음계 높은 목소리로 시끌벅적하게 몰려다니는 '요우커'의 씀씀이는 거의 폭발적이다. 일본 관광청의 조사에 따르면, 중국인 관광객의 소비액은 한국인의 2.5배에 달한다. 쇼핑이 여행의 주목적인 그들은 카메라와 시계, 전자 제품, 가방 등 고가의 상품을 망설임 없이 구매한다.

　해외 관광객 수는 2014년 1,341만 명으로 10년 전의 2배를 기록하더니, 불과 3년 만인 2017년엔 또 2배인 2,869만 명을 기록했다. 그들이 뿌리고 간 돈만 무려 4조 엔을 넘는다. 애당초 일본 정부는 2020년 도쿄 올림픽까지 2,000만 명의 해외 관광객을 유치하겠다는 목표를 세웠는데 이를 훨씬 앞당겨 달성했다.

　일반 상품에 이어 소비재 상품까지 면세 대상이 되면서 면세(Tax Free)라 써 붙여 놓은 가게 현수막이 눈에 띄게 늘었다. 실제로 면세점의 수는 1년 전에 비해 2배 이상 급증해 최근에는 1만 개를 넘어섰다.

　어디가 바닥인지 모르고 곤두박질치는 엔화 때문에 해외 관광객들의 입에서는 절규에 가까운 환호가 터져 나온다. 대기업과 여행 업계도 쾌재를 부른다. 도쿄 올림픽을 앞두고 있어 정부 차원에서도 그 어느 때보다 '일본 알리기'에 여념이 없다. 근래엔 과자 제조 공정을 비롯해 기업의 쇼룸 견학이 외국 관광객 사이에서 점차 인기를 얻고 있다.

일본의 소프트 파워

주말 저녁, TV 리모컨을 만지작거리다 한 프로그램에 시선을 빼앗겼다. 일본의 한 민영 방송(니혼TV)에서 '외국인이 선택한 일본의 놀라운 50가지'를 소개하고 있었다.

일본의 놀라운 50가지는
일본의 '소프트 파워(soft power)' 그 자체였다.

프랑스 하면 파리, 에펠탑, 와인, 패션, 바게트 등이 떠오르고, 미국 하면 뉴욕, 자유의 여신상, 링컨, 화이트 하우스, 할리우드, 코카콜라, 기회의 땅과 같은 긍정적 이미지가 머리를 채운다. 그렇다면 대한민국은? 각자 조용히 눈을 감고 생각해보라. 어떤가?

소프트 파워는 경제력이나 국방력과 같은 하드 파워(hard power)와 달리 해당 국가의 영화, 음악, 명소, 문화, 예술, 역사, 음식, 스포츠 등을 통해 발산되는 매력이기에 관광이나 비즈니스 등에 지대한 영향을 미친다.

순위에 오른 것들은 향후 우리나라를 외국에 소개하거나 인지시킬 때 어떤 측면에 더욱 중점을 둬야 할지 훌륭한 힌트가 될 수 있다. 또한 일본 (인)의 창의력을 엿볼 수 있는 좋은 기회이기도 해 그 순위를 모두 소개 한다.

50위는 다타미(畳)였다. 일본의 전통식 바닥재인 다타미는 최근에 해 외에서도 인기가 높아 40개국에 수출되고 있다. 소재가 왕골이다 보니 자연 친화적이고, 무엇보다 쿠션감이 있어 앉아 쉬거나 내딛는 느낌이 매우 부드럽다.

49위는 벤토(도시락)였다. 도시락은 일본의 식문화 그 자체다. 언제, 어디서나 다양한 종류의 도시락을 쉽게 접할 수 있다. 48위는 선물 종류 가 풍부하다는 점, 47위는 포인트 카드, 46위는 식당의 호출 버튼이었 다. 우리나라에도 일반화돼 있지만 테이블 위에 붙어 있는 호출 버튼이 외국인들의 눈에는 꽤 신기해 보였나 보다.

45위는 게임이었다. 자세한 언급이 불필요한 영역이다. 현재는 많 이 쇠락했으나 일본은 지금껏 10억 대 이상의 게임기를 세계 시장에 판 매한 게임 강국이다. 소니(Sony)를 시작으로 닌텐도(Nintendo), 세가 (SEGA), 반다이(BANDAI) 등 앞선 기술력으로 게임 하드웨어와 소프트 웨어 시장을 동시에 공략해 한때 전 세계 게임 시장의 50% 이상을 차지 했을 정도다.

44위는 처리 속도가 매우 빠른 전철역의 자동 개찰구였다. 개찰구를 통과할 때 승차권을 뒤집어 넣어도 나올 때는 가격이 적힌 부분이 늘 위로 향해 나온다. 신칸센 특급권과 승차권, 전차 승차권을 한꺼번에 넣어도 기계는 취할 것은 취하고 승객이 가져야 할 것은 정확하게 돌려준다.

43위는 저렴한 의료비였다. 2010년 기준, 일본의 1인당 연간 의료비는 3,035달러로 OECD 국가 중에 19위였다. 1위인 미국은 8,233달러, 2위인 노르웨이는 5,388달러, 3위인 스위스는 5,270달러였다. 27위인 한국은 2,035달러이나 국민 소득 대비로 환산하면 우리의 의료비가 일본에 비해 높다. 또한 우리나라도 그렇지만 일본의 구급차가 무료라는 점에 많은 외국인이 놀라는 눈치다.

42위는 마스크였다. 1919년에 일본에서 감기로 무려 39만 명이 목숨을 잃었다. 그 예방 차원에서 마스크에 주목하게 되었다. 일본 거리에서는 마스크 착용한 사람을 쉽게 만날 수 있다. 외부의 바이러스 침입을 방지하는 것이 목적이 아니라 자신의 바이러스를 외부에 퍼뜨리지 않기 위해 착용하는 거라고 한다.

41위는 실내에서 신발을 벗는 습관이었고, 40위는 료칸(여관)이었다. 료칸은 일본의 정서가 고스란히 녹아 있는 신비로운 공간이라는 점과 함께 서비스가 매우 좋아 많은 외국인이 감탄한다. 특히 다타미 위에 미리 깔아놓은 가지런한 이불을 보며 입을 다물지 못한단다.

39위는 높은 의술이었고, 38위는 건물의 내진(耐震) 기술이었다. 일본은 지진 대국이다. 그런 만큼 내진 기술은 세계 어디에 내놓아도 빠지지 않는다. 37위는 만화였다. 일본은 여전히 만화 왕국이다. 서점에 만화 코너가 별도로 마련되어 있을 정도다. 36위는 유명 코미디언이자 많은 국제영화제의 수상 경력을 가지고 있는 영화 감독 기타노 다케시(北野武)였다. 그는 눈치 보지 않고 방송하는 유일한 엔터테이너로 알려져 있다.

21~35위

35위는 전자 제품이었다. 일본의 멀티미디어 쇼핑몰인 요도바시 카메라를 찾는 외국인들에게 가장 인기가 많은 세 가지 상품은 바로 전기밥통, 전동 면도기, 디지털카메라다. 한때 한국인들이 일본을 방문하고 돌아갈 때면 꼭 구입하는 제품이 '코끼리 밥통'이었는데, 지금도 그 인기는 시들지 않고 있다.

34위는 줄 서기였다. 일본인들은 신기할 정도로 줄을 잘 선다. 외국인들의 혼을 빼놓은 장면 중에 하나는 동일본 대지진 직후 상당히 혼란스럽고, 배고픔에 힘겨운 상황임에도 한 줄로 서서 배급받는 일본인의 모습이었다고 한다. 어느 곳을 방문하든 흐트러짐 없이 줄을 선 일본인들의 모습을 쉽게 볼 수 있다. 참을성 있게 서서 기다릴 줄 알기에 사고가 일어나는 일도 적다.

33위는 애니메이션의 거장 미야자키 하야오(宮崎駿)였다. 그는 우리에게도 익숙한〈미래 소년 코난〉,〈센과 치히로의 행방불명〉,〈하울의 움직이는 성〉등 세계적으로 유명한 애니메이션을 탄생시킨 주인공이다. 특히 애니메이션으로서 최초로 베를린 영화제의 금곰상을 수상한〈센과 치히로의 행방불명〉은 일본 내에서 2,400만 명의 관객을 동원해 일본 영화 사상 최고의 흥행 기록을 세웠다.

32위는 공짜 티슈였다. 도심을 걷다 보면 여기저기에서 공짜 티슈를 나눠준다. 물론 겉포장에 주변 음식점을 비롯한 술집, 미용실 등의 광고가 새겨져 있기는 하지만 외국인들 사이에서 티슈는 사는 게 아니라 공짜로 얻는 거라는 농담이 회자될 정도다.

31위는 기요미즈데라(清水寺)였다. 교토를 방문한 외국 관광객들은 기요미즈데라를 보고 탄성을 쏟아

공짜 티슈 드립니다~

낸다. 산 중턱 벼랑 끝에 세워진 절이지만 건
물 어디에도 못 하나 사용되지 않았다. 외국
인들은 특히나 시시각각으로 변해가는 기
요미즈데라의 사계절 경치를 매우 좋아한다고
한다.

30위는 마츠리(축제)였다. 일본엔 약 30만 개의
축제가 있다고 알려져 있을 만큼 마츠리의 나라다.
그 수가 지나치게 많다 보니 근래엔 축제 자체보다는 젯밥, 즉 장사꾼들
의 배만 불린다는 비판도 나오고 있다.

29위는 택배였다. 당일 재배달이 가능하다는 점과 냉동 식료품도 배
달이 가능한 '쿨 택배'에 외국인들의 눈이 휘둥그레진다. 28위는 휴대폰
의 장식 고리와 음식 샘플을 본뜬 머리 장신구였고, 27위는 이츠쿠시마
(厳島) 신사였다. 만조 시에 바다 위에 떠 있는 모습이 환상적이고 신비
로워 인기가 많다.

26위는 365일 24시간 영업하는 가게였다. 편의점에서부터 규동(소
고기 덮밥)집, 대중 술집 등을 떠올리면 된다. 25위는 로봇이었다. 일본은
자타가 공인하는 세계 최고의 로봇 대국이다. 전 세계에서 활약하는 산
업용 로봇의 57%가 일본제다.

24위는 다양한 술과 안주를 저렴하게 즐길 수 있는 대중 술집인 이자
카야(居酒屋)였고, 23위는 장수(長壽) 국가라는 점이었다. 22위는 분실
물이 곧장 주인에게로 돌아온다는 점이었다. 습득물로 신고된 현금은
2003년에 129억 엔이던 것이 2013년에는 154억 엔으로 매년 그 금액

이 늘고 있다. 물건이 아닌 현금이 주인에게 다시 돌아온다는 점은 상당히 놀랍다.

21위는 병원의 청결 상태였다. 일본에는 '5S'라는 용어가 있다. 5S란, '정리, 정돈, 청소, 청결, 습관화'로, 일본어 발음을 영어로 표기했을 때 모두 S가 되어 그렇게 부른다. 이런 5S를 철저히 지킨 덕분에 병원은 늘 깨끗하게 유지되고 있다.

4~20위

20위는 애니메이션이었다. 일본의 애니메이션은 세계에서 높은 평가를 받고 있다. 그중에서도 〈나루토(NARUTO)〉는 전 세계 80개 이상의 국가와 지역에서 방송되고 있다. 〈나루토〉는 시사 주간지인 《뉴스위크》에 '세계가 존경하는 일본인 베스트 100'에 선정되기도 했다.

19위는 그냥 벌컥벌컥 마실 수 있는 수돗물이었다. 세계에서 수돗물을 안전하게 마실 수 있는 국가는 6곳에 불과하다고 한다. 아시아에서는 일본이 유일하다.

18위는 100엔 숍이었다. 가격이 저렴하면서도 품질이 뛰어나고 종류가 다양해 그 인기는 날로 높아지고 있다. 참고로 100엔 숍을 찾은 외국인이 가장 많이 구입하는 것은 '여행용 압축 봉지'라고 한다. 그곳에 가면 일상에 필요한 웬만한 물건을 모두 구입할 수 있다.

17위는 일본의 자동차였다. 도요타를 시작으로 혼다, 닛산 등 세계 굴지의 브랜드가 존재한다. 16위는 일본의 국기 스모(相撲)였다. 외국인이 스모를 관람하고 놀라는 것은 체급별 구분이 없다는 점이다. 과거 스모 선수 중에는 고니시키(284kg)와 같은 초중량 선수가 있는가 하면, 마이노우미(97kg)와 같은 초경량 선수도 있어 이 둘이 맞붙은 모습은 갖은 재미와 해프닝을 불러일으켰다.

15위는 와쇼쿠(和食)였다. 이는 2013년에 유네스코 무형 문화유산으로 등록된 일본식 요리이다. 다채로운 식자재를 사용한 섬세하고 담백한 맛의 일본식 요리는 "입보다는 눈으로 먹는다"라는 말이 있을 정도다. 14위는 워실릿(Washlet)이었다. 워실릿은 일본의 기업인 TOTO가 개발한 비데로, 'Let's Wash'를 뒤집어 작명한 것이라고 한다. 현재 일반 가정의 보급률이 70%를 넘어섰다.

13위는 라면이었다. 우리나라의 라면이 물과 스프, 딱딱한 인스턴트 면의 조합이라면, 일본의 라면은 우려낸 육수와 생라면의 조합이다. 엄청난 수의 가게와 헤아리기 어려울 만큼 다양한 종류의 라면이 존재한다. 12위는 깨끗한 거리였다. 휴지나 담배꽁초 하나 버려져 있지 않고, 깨지거나 어긋난 보도블록을 찾아볼 수 없다.

11위는 교토 소재의 3층 누각으로 벽 전체에 황금빛 금박이 입혀져 있는 금각사(金閣寺)였고, 10위는 사쿠라(벚꽃)였다. 9위는 하나비(花火)였다. 하나비란, 불꽃놀이를 말한다. 한여름 밤에 전통 의상인 '유카타'를

입고 연인 혹은 가족과 함께 불꽃놀이를 즐기는 게 하나의 관례다. 무더운 여름밤을 화려하게 수놓는 각종 불꽃놀이는 외국인의 눈을 단숨에 사로잡는다.

8위는 자동판매기였다. 외국에서는 파괴나 도난 등의 우려로 실내에 두는 게 일반적인데, 바깥에 쭉 늘어선 자판기가 외국인들의 눈에는 꽤나 신기했던 모양이다. 2013년 말 기준으로 일본 전국에는 약 260만 대의 자판기가 존재한다. 컵라면, 과자, 빵, 담배, 잡지, 신문 등을 시작으로 건전지, 엽서, 우표, DVD, 콘돔, 속옷, 꽃, 바나나, 풍선, 책, 화장품, 카메라 등 실로 다양한 물건을 자판기에서 구입할 수 있다. 최근에는 AED(자동 심장 제세동기)를 내장한 자판기까지 등장했다.

7위는 정해진 시간에 정확하게 도착하는 전차였다. 외국의 경우 전차가 조금 늦는 것을 당연하게 여기지만 일본에서는 2~3분만 지연되어도 사과 방송이 흘러나온다. 최근엔 실수로 역에서 20초 빨리 출발해 회사가 사과문을 내기도 했다. 실제로 일본인들은 전차 시간을 기준으로 약속 시간을 정할 만큼 도착과 출발 시간이 정확하다. "전차가 늦는다면 손목시계를 의심하라"라는 말이 있을 정도다.

6위는 회전 스시(초밥)였다. 회전 스시는 일본의 발명품으로, 20개국 이상에 수출되었다고 한다. 5위는 친절하고 겸손하며 예의 바른 일본인이었고, 4위는 신칸센이었다. 일본에 신칸센이 개통된 지 50여 년이 되었다. 정확한 출발과 도착 시간 그리고 안전 의식에 모두 놀란다. 열차 한 대당 평균 지연 시간은 0.9분으로, 그 정확성은 어디에서도 유례를 찾기 어렵다. 더욱 놀라운 건 50년 동안 운행 중 사고로 인한 승객 사망자가 단 한 명도 없었다는 사실이다.

Top 3위

3위는 온천이었다. 화산의 나라답게 일본에는 3,000여 개의 온천이 존재한다. 일본인에게 가장 인기 있는 곳은 도쿄에서 그리 멀지 않은 하코네(箱根)지만, 외국인에게는 구마모토(熊本) 현의 구로카와(黒川) 온천이 가장 인기가 많다. 2위는 후지산이었다. 2013년에 세계 문화유산으로 등록되면서 해외 등산객이 급증하고 있다. 전체 등산객의 30%가 외국인으로, 연간 약 10만 명이 찾고 있다.

자, 그렇다면 대망의 1위로 꼽힌 것은 무엇일까?

다름 아닌 세계 최고의 '치안(治安)'이었다. 많은 사람이 '일본' 하면 조직폭력배 야쿠자를 떠올리지만, 늦은 밤거리를 혼자 배회해도 안전이 보장되는 나라가 바로 일본이다. 영국의 주간지인 《이코노미스트》의 산하 연구소가 2015년 1월에 발표한 보고서에 따르면, 세계 50개 도시 중에서 가장 안전한 곳으로 도쿄(東京)가 꼽혔다. 오사카(大阪)는 3위, 서울은 24위였다.

치안 상태가 비교적 양호하다는 우리나라의 경우 연간 살인 사건이 1,000여 건 내외인데, 일본은 지난 2013년과 2014년에 각각 939건과 1,054건이었다. 인구가 우리나라의 2.5배나 된다는 점을 고려하면 일본의 치안이 얼마나 안정됐는지 알 수 있다. 지난 2014년 월드컵을 개최했고 2016년 하계 올림픽을 치른 브라질의 경우, 살인 사건으로 연간 사망자가 5만 6,000명(2012년 기준)을 넘는다.

참고로 일본인들이 선정한 '일본이 세계에 자랑할 수 있는 것' Top3에는 '치안, 식문화, 인간성'이 꼽혔다(NTT도코모 2014년 6월 조사).

한편, 필자의 눈에 비친 '일본의 놀라운 것'은 바로 '자전거 타는 모습'이었다. 그냥 자전거를 탄 모습이 아니라, 가슴에는 아이를 품고, 자전거 앞좌석에는 둘째 아이를, 뒷좌석에는 첫째 아이를 태우고, 양 핸들에는 아이들의 짐을 매단 채 가냘픈 몸으로 페달을 밟는 억척스러운 일본 아줌마의 모습 말이다. 혹, 넘어지기라도 하면 큰일이라 그 모습을 보고 있으면 조바심이 절로 생긴다.

　거리에서 그런 대단한 아줌마들을 만날 때마다 유치원이든 학교든 의기양양하게 자동차로 아이들을 등교시키는 한국 아줌마들의 모습이 교차돼 감동은 배가된다.

　일본 아줌마의 교통수단 자전거!

앞서 거론한 사진 속 자전거 장비의 용도는 아이를 태우기 위한 좌석이었다. 앞좌석에는 3세 전후의 아이를, 뒷좌석에는 5세까지의 아이를 태울 수 있다.

지구상에서 에너지 효율이 가장 뛰어난 이동 수단이 바로 자전거다. 수송 에너지의 관점에서 자전거를 탈 때 소요되는 에너지는 0.15, 자동차를 몰 때 소요되는 에너지는 0.82라고 한다. 자동차로 이동할 때보다 에너지가 5분의 1 정도밖에 들지 않는다.

도쿄의 하늘이 파랗고
투명한 것에는 다 이유가 있었다.

Coffee Break

두뇌왕을 찾아라

매년 연말이면 니혼TV에서 일본 최고의 두뇌를 뽑는 '두뇌왕' 결정전이 방영된다. 두뇌왕으로
선발되면 100만 엔의 상금과 '두뇌왕'이라는 명예가 주어진다. 일본 국적을 가진 고교생 이상
이면 출전 자격이 주어지는데, 매년 수만 명이 응모한다.

이 대회에서는 암기력을 시작으로 계산 능력, 창의력, 추리력, 음악과 미술, 한문 등 실로 다양
한 각도에서 두뇌를 시험한다. 바코드를 보여주고 해당 상품명을 맞추는 문제, 고대 이집트의
상형 문자를 해독하라는 문제도 출제된다. 심지어는 '청춘'의 반대말이 무엇이냐는 문제도 출
제된다. 이 방송을 보고 있으면 타고난 머리는 차치하더라도 '젊은 친구들이 그 많은 지식을 언
제, 어디서, 이렇게 많이 습득했을까' 하는 감탄과 의구심이 교차한다.

세 가지 문제!

과거 출제된 문제 중 추리 및 발상력에 관한 세 가지 문제를 뽑아보았다.

문제1│ A는 남쪽에 있지만, A는 남쪽에 없다. A에 들어갈 말은 무엇일까?

문제2│ 'M < V < (   ) < M < J' 다음 (   )에 들어갈 알파벳은 무엇일까?

문제3│ 9136을 가장 작은 수로 배열하라.

난이도가 어떤가? "뭐 그다지 어렵지도 않네"라고 평가하는 사람이 있는 반면,
"하나도 모르겠네"라고 투덜거리는 사람도 있을 게다.

자, 이제 한 문제씩 풀어보자. 1번 문제의 해답은 '지구의 절반'이다. 지구를 남북
(아래위)으로 절반씩 나누면 '지구의 절반은 남쪽에 있지만, 지구의 절반은 남쪽
에 없다'라는 말이 성립된다. 그 절반은 북쪽에 있다.

2번 문제의 해답은 바로 'E'다. 태양에서 가까운 행성을 순서대로 나열한 영어명의 알파벳 첫 글자. 참고로 태양계 행성은 수성(Mercury)을 시작으로 금성(Vnus), 지구(Earth), 화성(Mars), 목성(Jupiter), 토성(Saturn), 천왕성(Uranus), 해왕성(Neptune) 순으로 이어진다.

마지막 문제는 매우 쉽다. '9163'을 가장 작은 수로 배열하면 '1369'다. 초등학교 1학년 학생도 풀 수 있는 문제다. 하지만 진정 창의적인 사람은 이것으로 끝내지 않는다. 1369의 맨 앞 1을 90도 회전시켜 마이너스(-)로 바꾸고 답을 '-369'로 정리한다. 여기서 끝일까? 가장 작은 수로 배열하는 것이 과제인 만큼, '-963'로 다시 배열할 수 있다. 정말로 이걸로 풀이가 끝날까? 천만에! '-963'의 중간에 들어 있는 6을 뒤집어 '-993'을 만들어야 종료된다.

이 문제를 모두 푼다면 당신은 천재!

몇 가지 문제를 더 출제해본다.

문제1│ 1일에는 두 번 있는데, 1년에는 한 번밖에 없는 건 뭘까?

문제2│ 택시를 세울 때 손을 드는 것이 일반적이다. 하지만 A씨는 손이 불편하지 않음에도 늘 발로 택시를 세운다. 도대체 왜 그런 걸까?

문제3│ 유치원, 초등학생, 중학생, 고등학생, 대학생 가운데 가장 큰 것은 뭘까?

문제4│ 다음 보기를 보라. 유리컵에 물이 3분의 2 정도 담겨 있다. 이 컵만 활용하여 물을 절반(1/2)만 채우려고 한다. 어떻게 하면 될까? 물론 눈금이 새겨진 계량컵이라면 간단히 컵 속의 물 양을 측정할 수 있지만 유감스럽게도 이 컵에는 눈금이 그려져 있지 않다.

문제5│ 다음 보기를 보라. 그림 속에 들어 있는 정사각형은 모두 몇 개일까?

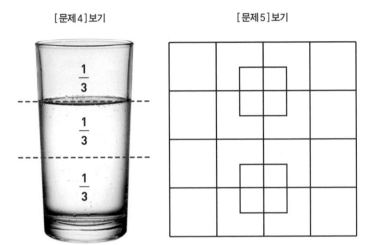

[문제4]보기   [문제5]보기

까다로웠는가?
이제 하나씩 짚어보기로 하자.

1번 문제의 정답은 '1일'과 '1년'을 그냥 눈으로 보지 말고 입으로 소리 내어 읽어 보면 금방 눈치챌 수 있다. 일일(1일), 일 년(1년)으로, 정답은 '일'의 수다.

자, 다음 2번 문제를 살펴보자. A씨는 왜 발로 택시를 세우는 것일까? 한겨울이라 호주머니에서 두 손을 빼기 싫어서? 팔을 크게 다쳐서? 모두 아니다. 그렇다면 천성적으로 건방지거나 무례해서? 뭐, 그럴 수도 있겠다. 하지만 그런 답으로는 문제 성립이 불가능하다. 사실 A씨는 '택시 운전사'다. 그래서 택시를 세울 때 오른발로 브레이크를 밟아 세운다.

다음은 3번 문제다. 큰 대(大)의 대학생이 가장 클까? 천만에 말씀! 누가 봐도 큰 게 하나 있다. 해답은 유치원이다. 유치원만 건물이고, 그 외는 모두 사람이다. 물론 '유치원생'이라고 하면 얘기가 달라진다. 말장난처럼 비치기도 하지만 단순한 오류도 결코 놓치지 않겠다는 집중력이 요구되는 문제다.

이제 4번 문제의 해답을 확인해볼 차례다. 순수하게 유리컵 그 자체만 활용해 컵 안의 물을 절반만 채우는 문제였다. 추측컨대 독자의 3분의 2가량은 풀지 못했을 게다. 알고 보면 허탈해질 만큼 쉬운 문제다. 아래 그림처럼 컵을 기울이면 된다.

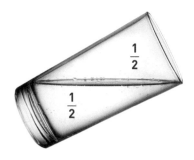

자, 이제 마지막 문제에 대한 답이다. 만약 당신이 정사각형 40개를 찾았다면 인재, 그 이상을 찾았다면 천재라 불려도 좋을 듯하다. 지금 당장 삼성전자나 구글, 애플에 면접을 보러가도 좋지 않을까.

그림 속의 정사각형은 모두 몇 개일까?
40개 이상이라는 건 분명한데…….

chapter 04

신비의
계곡이라고?

낭만을 갈구하는 남성들에게 전해지는 고대의 비경 '계곡'.
그 비경을 제압하는 일은 세상 남자들에게 최고의 낭만이다.
무수한 위험을 무릅쓰고 꿈을 향해 돌진하는 모습에 경의를 표하며
사람들은 그들을 계곡 다이버라 부른다.
때로는 언덕과 같이 완만하고 때로는 산과 같이 웅장한 매력의 부풀음과 팽창.
그 사이에 생겨난 계곡의 우아함에 남자들은 상념에 잠긴다.

위 이야기에 등장하는 계곡은 대체 어디에 존재할까?

약간 어리둥절할 것 같아 힌트 사진을 제시한다.

빅 아이디어는 극단에서 만난다, 잡화대상!

누구나 간절히 '○○한 상품이 있었으면 좋겠는데⋯⋯'라는 생각을 해 본 적이 있을 게다. 단언하건대 도쿄 도심의 '돈키호테'와 같은 각종 잡화점을 뒤지다 보면, 당신이 떠올린 아이디어가 이미 상품화된 것을 발견하고는 흠칫 놀랄 게 분명하다.

한 알만 먹으면 트림을 해도 냄새가 나지 않는 캔디, 어디서든 커피를 내려 마실 수 있는 휴대용 커피메이커, 돋보기가 달린 손톱깎이, 신고 걷기만 하면 운동이 되는 슬리퍼, 테가 돌아가는 안경, 말랑말랑하고 쫀득쫀득한 비누, 굽은 등을 꼿꼿하게 세워 주는 벨트, 이동식 개인 화장실, 양쪽을 묶을 필요가 없는 끈, 마법의 조미료(컵라면용), 상처 난 손으로도 설거지나 세수를 할 수 있게 코팅해주는 액체 반창고, 런치 패스포트(1,000엔을 주고 구입하면 일정 기간 점심을 거의 반값에 먹을 수 있음), 지울 수 있는 볼펜(문질러도 똥이 안 나옴), 문질러 지우는 색연필, 심이 부러지지 않는 샤프펜슬, 스푼으로 휘젓지 않아도 되는 머그컵, 건전지 사이즈와 상관없이 사용 가능한 손전등, 자외선을 99% 막아 주는 투명 비닐우산, 정전기 목걸이, 청소 양말, 벌레를 쫓는 손목 밴드, 자신의 귓구멍을 보며 귀지를 팔 수 있는 귀이개, 음식 냄새를 잡는 롤 휴지…….

책의 분량을 고려해 여기까지만 나열한다. 이외에도 편리하고 기발한 아이디어 상품이 넘쳐난다.

잡화는 생활의 활력소

일본은 미국에 이은 제2위의 경제 대국(GDP 기준)이었다가 중국에 밀려 3위로 밀려났지만 잠재력만큼은 여전하다. 그런 일본을 지탱하는 힘(잠재력)은 엄청난 아이디어 상품에서 볼 수 있듯이 기발한 발상과 창의력이다.

일본 곳곳에서는 매년 기상천외한 발상과 창의력을 겨루는 대회가 열린다. 그 대표적인 것이 책을 비롯해 갖은 잡화를 취급하는 빌리지 뱅가드(Village Vanguard)와 게이오 대학의 모리카와 토미아키(森川富昭) 연구실이 개최하는 '잡화대상(雜貨大賞)'이다. 이는 일본을 대표할 크리에이터 육성을 목표로 만들어진 상이다.

이른바 '잡화'는 생활필수품은 아니지만, 적게는 주변 사람을, 크게는 사회를 행복하게 만드는 생활의 활력소다. 잡화에는 튀는 발상과 번뜩이는 창의력이 가득 담겨 있기 때문이다.

잡화대상의 응모 부문은 크게 두 가지다. 하나는 '일반 부문'이고, 또 하나는 '아이디어 부문'이다. 1차와 2차 심사를 거쳐 최종적으로 수상자

가 결정된다. 심사 위원은 창작 현장에서 대활약 중인 프로페셔널 크리에이터들이 맡고 있다.

일반 부문은 총 네 가지 장르, 즉 장식, 생활, 놀이, 배움이 있는데 여기에 해당하는 작품이라면 무엇이든지 응모 가능하다. 응모 자격은 개인 혹은 그룹으로 연령이나 성별, 직업, 국적과 무관하다. 일반 부문의 대상 1명에게는 상금 30만 엔(약 300만 원)이, 우수상 2명에게는 상금 10만 엔이 주어진다.

스페셜 부문으로는 아이디어 부문을 따로 두고 있다. 기막힌 아이디어는 가지고 있는데 이를 작품으로까지 승화시킬 능력이 없는 사람들을 위한 부문이다. 참신하면서도 기발하고 전대미문의 아이디어를 발굴하고자 하는 취지에서 마련됐다. 우수상으로 선정된 3명에게는 3만 엔의 상금이 주어지고, 실제 상품화 여부를 검토하게 된다.

재치 넘치는 아이디어들

2014년 대상에는 '계곡 다이버'라는 작품이 선정되었다. 그 작품의 설명은 이랬다. 자칫 성희롱으로 비칠 수 있지만, 응모자의 원문을 그대로 소개한다.

낭만을 갈구하는 남성들에게 전해지는 고대의 비경 '계곡'. 그 비경을 제압하는 일은 세상 남자들에게 최고의 낭만이다. 무수한 위험을 무릅쓰고 꿈을 향해 돌진하는 모습에 경의를 표하며 사람들은 그들을 계곡 다이버라 부른다. 때로는 언덕과 같이 완만하고, 때로는 산과 같이 웅장한 매력의 부풀음과 팽창. 그 사이에 생겨난 계곡의 우아함에 남자들은 상념에 잠긴다. 그렇다. 남자라면 누구나 한 번쯤 계곡에 뛰어들고 싶은 충동에 휩싸인 경험이 있을 것이다. (비록 그게 무의식일지라도.) 계곡 다이버는 그런 남자의 낭만을 구현한 '가슴으로 뛰어드는 목걸이형 인형'이다.

우수상에는 '스트롱 엔터키'와 '새똥 스티커'가 선정되었다. '스트롱 엔터키'는 컴퓨터의 자판에 있는 엔터키를 4배가량 더 크게 만들어 자판에서 별도로 독립시켰다. 큼직한 엔터키를 오른손 주먹으로 '쾅' 하고 두들김으로써 '종료'라는 짜릿한 성취감을 느낄 수 있고, 그 소리를 통해 현재 엄청나게 많은 일을 했음을 주위에 공표할 수 있다고 한다. 그동안 쌓인 스트레스를 단숨에 배출시키는 데 꽤나 유용한(?) 작품인 듯하다.

자전거는 일본 거주자들의 쇼핑이나 통학, 통근, 레저 등에 빠뜨릴 수 없는 필수 불가결한 물건이다. 그런 자전거이건만 주요 교통수단에다 그 숫자가 많다 보니 도난으로부터 자유롭지 못하다. 2014년 한 해 일본의 자전거 도난 건수는 무려 29만 2,243건이었다. 배설물이 덕지덕지 묻은 더러운 자전거까지 훔치려고 하지 않는 것이 인간의 심리일 터. 그런 심리를 파고들어 탄생한 것이 바로 '새똥 스티커'다. 스티커를 자전거 안장이나 프레임 등에 붙여 두면 새똥이 묻은 걸로 착각해 도난 방지에 효과가 있다고 한다.

　그 외에 장식 부문에서는 무엇을 입어도 장착하는 순간 세일러복으로 보이는 마법의 '세일러복 멜빵'이, 놀이 부문에서는 파티 참가자들을 깜짝 놀라게 할 '바퀴벌레 축포'가, 생활 부문에서는 콘센트를 가려 줄 깜찍한 '일본식 콘센트 커버' 등이 선정됐다.

　하나같이 모두 재치 넘치고 깜찍한 아이디어라는 점에서 보는 이들의 눈을 유쾌하고 통쾌하게 만들어준다.

　우리나라에도 이런 아이디어 경연장이
많아졌으면 좋겠다.

chapter 05

24대 1,
무슨 대회의
스코어일까

24대 1

무슨 대회의 스코어일까? 잘 모르겠다고?
그렇다면 이건 어떤가?

21대 0

이쯤해서 위 스코어의 비밀을 알아차린 사람도 있을 게다.
대한민국 국민 모두 절치부심해야 할 일이건만,
정작 우리 국민은 분노도, 흥분도 하지 않는다.

'우리가 그렇지 뭐!' 하는 허탈함으로 매년 10월의 수상 소식을 흘려보낼 뿐이다.

지방대+중소기업+학사
=노벨상?

해마다 돌아오는 10월은 우리에게 잔인한 계절이다. '혹시나 하는 기대감과 역시나 하는 실망감'만이 반복될 뿐이다. 우리보다 산업화가 늦은 중국도 마침내 토종 학자가 수상했다. '우리가 뭐 그렇지!' 하는 진한 한숨과 초라한 현실만이 깊게 드리운다.

지난 2016년 일본은 노벨 생리의학상에 이어 물리학상 수상자까지 배출했다. 물리학상은 2년 연속 수상이다. 거의 매년 수상자를 내면서 기초과학 강국인 일본의 저력을 재차 확인시켜주었다. 눈물과 땀의 결실인 올림픽 금메달! 이를 폄하하는 건 아니나 그 메달은 어디까지나 각국 선수들 간의 상대평가 결과다. 그럼 노벨상은 어떨까? 인류 문명에 대한 지대한 공헌 결과에 주어지는 거다 보니 그 가치는 올림픽 메달과는 차원이 다르다.

종이로는 불을 감쌀 수 없다

그간 일본은 1949년 유카와 히데키(湯川秀樹) 교수의 물리학상을 시

2014년 노벨 물리학상 수상자들(왼쪽부터 아카사키 이사무, 아마노 히로시, 나카무라 슈지 교수)
© Photo: A. Mahmoud

작으로 자연과학상 21명(물리학 11명, 화학 7명, 생리의학 3명), 문학상 2명, 평화상 1명 등 총 24명의 수상자를 배출했다. '21대 0' 혹은 '24대 1'이라는 자조적인 목소리가 국내에서 흘러나올 법도 하다.

왜 우리는 축구 한·일전에서 패하면 분해 잠 못 이룰 만큼 격한 경쟁의식을 드러내면서도 노벨상 스코어엔 그렇지 못한가! 우리 모두 절치부심해야 할 일이지만, 몇몇 언론의 호들갑을 제외하곤 국내 어디에서도 충격도 분노도 반성도 찾기 어렵다. 어차피 손이 닿지 않기에 그런지도 모른다.

미래 노벨상과 가장 가까운 거리에 있을 국내 최상위권 학생. 이들의 이공계 기피 풍조는 어제오늘 일이 아니다. 국가 이공계 장학생인 KAIST생 10명 가운데 2명은 장학금을 반납하더라도 다른 분야로 진출하겠다는 조사 결과도 이공계 기피 현상의 심각성을 잘 보여준다.

"의대 쏠림은 공시 열풍과 함께 우리나라가 망해가는 징조라고 본다. 학생과 학부모 개인으로는 합리적 선택이지만 인적 자원 배분의 왜곡이라는 점에서 잘못된, 사회적 병리현상이다. 최근 5년간 서울대에 합격하고도 입학을 포기한 학생이 매년 300명을 넘고 그중 30~40%가 타 대학 의대에 합격한 이공계 학생들이다. 학생들이 '인서울' 의대와 지방대 의대를 채운 다음 스카이(SKY) 자연계나 공대에 진학한다는 건 비밀도 아니다."(〈조선일보〉, 정성희, 2017.12.1)

또 이공계 우수 인재를 길러낼 목적으로 세워진 과학·영재고의 많은 졸업생들이 의대나 인문·사회 계열 학과로 진학해버린다.

비단 영재고만 그런 게 아니다. 자식이 공부 좀 한다 싶으면 떠올리는 게 의사, 판검사다. '닥치고 의대'가 말해주듯 의대 쏠림은 어제오늘의 문제가 아니다. 그럼, 수십 년 후 노벨 생리의학상 수상자가 잇따를까?

기초의학을 전공하면 '천연기념물'이라 불릴 만큼 지원자가 없는 상황에서도 얼굴이나 뜯어고치는 성형외과엔 떼로 몰리는 걸 보면 그런 기대는 접는 게 속 편하다. '대한민국 0.05%'에 드는 인재들이 십여 년 후 주변 장사치와 별반 다를 게 없는 세태가 서글프다.

학교 → 학원 → 학원 → 과외로 이어지는 아이들의 고난의 행군에다 그들 앞엔 학교와 학원, 부모가 합작해 만든 스펙만이 수북이 쌓여간다. 학교는 수능에 능숙한 학생을 찍어내는 공장이다.

힘들게 대학에 들어가 봐야 고등학교 시절과 크게 달라지는 건 없다. 토익 고득점과 제2외국어는 필수고 컴퓨터, 한자능력 등 각종 자격증에다 공모전 입상, 대기업 인턴 경험 정도는 갖춰야 겨우 사회에 발을 내디딜 자격이 생긴다. 이런 마당에 누가 성과가 불투명한 기초연구에 인생을 걸겠는가.

닥치고 의대에서 보듯 팍팍한 몰개성 분위기를 내버려둔 채 젊은이들에게 우리 사회가 노벨상 운운이나 지식의 외연을 확장하길 기대한다는 건 딱 우물가에서 숭늉 찾는 격이다. 희망이 보이지 않는데 자꾸 희망을 이야기하니 듣기가 얼마나 고통스러울까!

우리가 몰랐던 수상자의 비밀!

2000년대에 들어 일본 노벨상 수상자들의 면면엔 뚜렷한 변화 기류가 엿보인다.

'지방대 출신, 중소기업 재직, 학사'라는 이른바 이류(?)가 주역으로 등장했다. 이제 일본에선 '수도권 명문대 출신, 대기업 재직, 박사' 출신만이 노벨상을 수상하는 게 아니다.

한마디로, 노벨상 수상자가 일반인들과는 괴리가 있는 아주 특별한 인물이나 배경(도쿄대, 교토대)을 가진 이들의 주전장이 더 이상 아니란 점이다. 일본 사회의 다양한 영역과 계층에서 뿜어져 나오는 힘이 노벨상 수상의 원동력이 되고 있다.

2015년 생리의학상을 받은 오무라 사토시(大村智) 교수는 야마나시(山梨)대, 물리학상을 받은 가지타 다카아키(梶田隆章) 교수는 사이타마(埼玉)대로 속칭 출신이 모두 지방대다.

야마나시대, 사이타마대 출신을 비롯해 나고야대, 도쿠시마대, 도쿄공업대, 도호쿠대, 나가사키대, 홋카이도대, 고베대 같은 이른바 '지방대 출신'의 노벨 수상자가 점차 늘고 있다. 주요 원인은 소수의 인재 교육에다 지역 밀착형 연구가 결실을 맺었다는 분석이다.

또 나카무라 슈지(中村修二) 교수의 물리학상 수상은 중소기업에 재직했기에 가능했다. 이른바 당시 중소기업이었던 '니치아화학공업'이 아닌 도요타나 파나소닉과 같은 대기업에 근무했다면 청색 LED 개발은 불가능 했다는 지적이다.

대기업은 시스템으로 작동하기에 동료 및 상사와 호흡하는 능력과 조직 논리에 순응하는 사람이 인정받는 경우가 많아 이단아적인 구성원의 튀는 행동을 조직 내에서 허용하지 않았을 가능성이 높다. 이 때문에 나카무라 교수가 대기업에 들어갔다면 그저 그런 샐러리맨이 됐거나 튀는 언행으로 매장되었을 가능성이 높다.

2002년 노벨 화학상은 다나카 고이치(田中耕一)에게 돌아갔는데 그의 소탈함은 지구촌 사람들에게 많은 감동을 안겨주었다. 그런 다나카의 최종 학력은 도호쿠대 전기공학 학사다. 노벨상 수상 당시 그는 석사나 박사가 아닌 교토 소재 정밀기계 업체인 시마즈제작소의 평범한 샐러리맨이었다. 자연과학 부문 노벨상 100년 역사를 통틀어 첫 학사 수상자다.

제발 부탁이다!

노벨상 이야기를 이렇게 길게 하는 건 일본 자연과학계의 저변이 그만큼 폭넓고 수십 년씩 한 우물을 팔만큼 깊으며, 특히 오타쿠 같은 다양성을 수용하는 게 부러워서다. 우리 현실의 몰개성(동조)과 쏠림현상, 단기실적 위주의 연구와 평가가 안타까워서라고 하는 게 더 정확한 표현인지도 모른다.

그렇다면 우리나라에는 노벨상으로 가는 지름길이 없을까? 분명히 말하지만, 있을 게다. 아니, 있다! 이공계를 우대하는 사회 분위기와 정부 및 기업의 꾸준한 지원, 모방 및 추격형 연구에서 탈피해 벽을 허무는 융합형 연구, 연구자의 권한과 열정 등이 필요하다. 사실 이런 기본적인 답안은 매년 언론을 장식할 만큼 새삼스러운 게 아니다.

하긴 노벨상이 아니라 그 할아버지라도 기본에 충실한 것보다 중요한 것이 어디 있을까. 세계 최고가 되려면 기본부터 차곡차곡 다져 나가는 세계 최고의 노력이 선행돼야 한다.

여기에 더해 기초 연구엔 긴 호흡이 필요하다. 단기간에 성과를 끌어내려는 전시성 행정이나 연구로는 절대 안 된다. 정부나 기업, 대학도 그렇게 요구해선 안 된다.

chapter 06

잘게 썬
해산물의 정체

윤기 나는 참치도, 먹음직스러운 게살도,
입맛을 돋우는 성게도, 짭조름한 젓갈도 보인다.
무슨 해산물이 이리도 다양할까?

갖은 해산물을 먹기 좋게 썬 후에 가지런히 정리해
손이 쉽게 가도록 해두었다.

대체 누가, 어떤 목적으로 이렇게 한 걸까?

시장(市場)이 반찬일까, 갓테동!

'마음대로 덮밥(勝手丼)'

누가 붙인 이름인지 모른다. 홋카이도 3대 시장 중 한 곳인 구시로화쇼(釧路和商) 시장. 60년이 넘는 역사를 지닌 이 시장에는 생선 가게를 중심으로 건어물, 청과점 등 60여 개의 점포가 자리 잡고 있다.

이 시장의 명물이 바로 '마음대로 덮밥'이다. 마음대로 덮밥이란, 이름 그대로 시장 안을 여기저기 둘러보다 먹음직스러운 해산물을 발견하면 원하는 종류를 원하는 만큼 구입해 밥 위에 얹어 만든 세상에서 하나밖에 없는 자신만의 해산물 덮밥이다. 이것이 바로 고객의 취향과 개성을 듬뿍 담은 덮밥이 아닐까!

바로 내가 요리사

기존의 덮밥 가게에선 밥 위에 정해진 토핑을 올려 주지만, 이 시장에서는 이곳저곳을 기웃거리다 구미가 도는 반찬을 발견했다면 그것을 마음껏 골라 담을 수 있다. 한마디로 고객이 소비자이자 생산자(요리사)가 된다.

그 시작에는 사연이 있다. 화쇼 시장에는 신선하고 맛깔스러운 음식이 넘쳐나지만 여비가 충분하지 않은 가난한 여행자들에게는 그저 그림의 떡일 뿐이다. 어느 날, 이를 안타깝게 여겨오던 한 생선 가게 주인이 시장을 둘러보던 여행자에게 밥만 사오라고 시켰다. 그러고는 그가 사온 밥 위에 신선한 해산물을 조금씩 올려주었다. 이것이 바로 '마음대로 덮밥'의 시초다.

이후 여행자의 리뷰가 홋카이도를 여행 중인 젊은이들에게 퍼져 나갔다. 그러면서 화쇼 시장의 '마음대로 덮밥'이 일본 전역에 알려지게 되었다. 마음대로 덮밥은 다음과 같은 순서를 거쳐 완성된다.

1단계: 밥을 구입한다

시장 안에서 밥을 파는 가게를 찾아 일회용 그릇에 담긴 밥을 구입한다. 가게 앞에 밥그릇 마크가 붙어 있어 누구나 쉽게 구입처를 찾을 수 있다. 그릇에 담긴 밥의 양에 따라 100엔에서 300엔에 이르기까지 가격이 다양하다.

2단계: 갖은 해물을 구입한다

시장을 한 바퀴 쭉 둘러보며 자신의 취향에 맞게 각종 생선(회), 생선 알, 조개, 게, 새우, 젓갈 등의 토핑을 구입한다. 재료는 100g 단위 또는 조각으로 나눠 판매하고 있다. 토핑은 해물이 담긴 덮밥 마크가 붙은 가게에서 구입하면 된다.

3단계: 간장을 뿌린다

구입한 각종 회나 알 등을 그릇 위에다 얹은 다음(평균 7~10종류), 마지막 가게에서 간장을 뿌려달라고 하면 '마음대로 덮밥'이 뚝딱 완성된다. 한 그릇의 가격은 대략 1,500엔 정도이다. 조금 욕심을 부려도 2,000엔이면 충분하다.

4단계: 혀를 즐겁게 한다

시장 중앙에 테이블과 의자가 놓여 있는 장소가 있다. 그곳에서 친구들과 도란도란 담소를 나누며 자신만의 덮밥을 맛있게 먹으면 된다.

근래에는 마음대로 덮밥에 대한 비판의 목소리도 나오고 있다. TV와 잡지 등에 관련 내용이 기사화되면서 많은 관광객이 찾자 상인들이 식자재 가격을 올렸기 때문이다. 그럼에도 시장 활성화를 위한 기발한 아이디어라는 점, 고객이 철저히 자신의 취향에 맞는 먹거리를 골라 다양하게 맛볼 수 있다는 점은 긍정적으로 평가할 만하다.

대학 덮밥은 또 뭐지?

일본 열도 북쪽에 '화쇼 시장'이 있다면, 남쪽에는 '북(北)큐슈의 부엌'이라 불리는 '탄가 시장'이 존재한다. 이 시장에는 독특한 가게가 있다. 그 이름은 바로 대학당(大學堂)! 그곳은 탄가 시장과 북큐슈 시립대학의 연계를 통해 탄생되었다. 즉 탄가 시장의 활성화와 주변의 젊은 층 및 관광객에게 시장을 알릴 목적으로 해당 지역의 시장과 대학이 팀을 이루어 기획한 프로젝트가 대학당이다.

대학당에서는 커뮤니케이션 공간으로서 라이브 음악과 만담, 강연회 등의 이벤트가 비정기적으로 개최되고 있다. 점차 사람들에게 시장이 알려지자 이번에는 새로운 기획으로 '대학 덮밥(大學丼)'을 탄생시켰다.

대학 덮밥의 시스템은 화쇼 시장의 '마음대로 덮밥'과 마찬가지로 자신만의 오리지널 덮밥을 만든 후에 대학당에 모여 식사를 한다. 다른 게 있다면 밥 양의 많고 적음을 불문하고 모두 200엔이라는 점이다. 지역의 대학과 시장이 서로 손을 맞잡고 탄생시킨 걸작이다.

수년 전부터 우리나라에서도 시작된 대학과 전통 시장의 자매결연을 통한 지역 경제 및 전통 시장 활성화 프로젝트와 흡사하다. 대학의 전문 인력을 통해 고객 서비스나 바람직한 상술, 의식 개혁 등 교육 단계에서 한 단계 더 나아가 공동 비즈니스로까지 꽃피운 건 꽤나 신선해 보인다.

chapter 07 ➡️   ➡️ ➡️   ➡️

광고,
진실을 말하는
거짓말?

生年月日を捨てましょう。

카피는 감성을 자극한다.
마음이 울렁거려 취할 만큼!
한 회사의 광고 카피다.
이 카피를 읽고 물음에 답해보라.

초등생의 용돈으로는 전철을 타도 그리 멀리까지 갈 수 없다. (중략)

"그렇다면!"

구리구리는 조용히 새로운 책을 꺼냈다.
전철 요금을 치르지 않더라도 결코 갈 수 없는 장소에 가기 위해서.

위 카피를 통해 짐작되는 회사의 업종은 뭘까?

카피는 소설보다
감동적이다

광고의 첫 번째 목적은 뭐니 뭐니 해도 기업이 취급하는 상품과 내용을 소비자에게 알리는 거다. 따라서 주어진 시간이나 범위 안에서 어떻게 소비자의 마음을 사로잡느냐가 관건이다.

사람들의 마음을 사로잡는 광고 카피에는 스토리가 담겨 있다. 우리는 카피를 보고 눈물을 흘리기도 하고, 무릎을 치며 박장대소하기도 한다. 카피는 때때로 소설보다 더욱 감동적이다. 카피에 스토리가 있다는 것은 그 상품에도 스토리가 있다는 말로 대변될 수 있다.

소비자가 공감해 그 상품에
손이 가게 하기 위해서는
사람을 이끄는 진솔한 매력과 스토리가 필수다.

진한 감동과 유머, 스토리가 눈앞에서 펼쳐지는 인쇄 광고의 카피 몇 편을 소개한다.

모든 여자의 사랑을 독차지하는 것?

첫 번째 광고의 카피다.

남성 여러분, 세상 여성에게 가장 인기 있는 것은 남성이 아닙니다. 유감이
지만.

욕심 많은 한 남자가 해변에서 이상한 병을 주웠습니다. 그것을 열었더니 요
정이 튀어나와 남자에게 말했습니다.
"나를 병 속에서 건져주셔서 감사해요. 답례로 세 가지 소원을 들어드리죠."
남자는 주저 없이 "3억 달러가 필요해"라고 말했습니다. 그러자 놀랍게도 3
억 달러 뭉치가 나타났습니다. 남자는 놀라며 "멋진 오픈카를 원해!"라고 말
했습니다. 그러자 이번에는 멋진 오픈카가 나타났습니다. 여기에 맛을 들인
남자는 마지막으로 "세상 여자들로부터 사랑받고 싶어!"라고 말했습니다.
그러자 그는…… 맛있는 초콜릿이 되었습니다.

초콜릿은 사람을 행복하게 한다.
초콜릿은 메이지.

이것을 주인공은 미국 여배우의 조언에서 카피를 착안했다고 한다. 그
여배우는 언젠가 "초콜릿은 사랑의 대용품이 아니다. 사랑이 초콜릿의
대용품이다"라고 말했다.

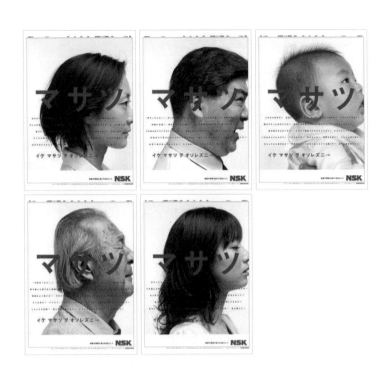

자, 두 번째 광고 카피를 소개한다.

마찰

태어나서 → 성장하고 → 벽에 부딪혀 → 풀이 죽고 → 겨우 극복해 → 조금
강해져서 → 세계가 펼쳐진 것처럼 생각되고 → 새로운 고민이 생겨나고 →
사람에게 상처 주고 → 상처 받고 → 결국 혼자구나 생각하고 → 그럼에도
주변의 도움을 받아 → 사회에 나가 → 많이 기대하고 → 장애물은 높고 →
무력감을 느끼고 → 왠지 싫어져서 → 포기하려고 해도 → 포기하지 못하고

→마음을 다잡아 →좋아 다시 한 번 →나아가라, 마찰을 두려워 말고→

기계의 마찰을 줄이는 회사로서.
NSK.

기계 베어링을 전문으로 하는 NSK(일본정공)의 신문 광고 카피다. 카피 마지막 부분에서까지 베어링 회사라는 말을 하지 않고 "기계의 마찰을 줄이는 회사로서"라고만 언급한 문구가 왠지 매력적으로 다가온다. 마찰은 인간에게도, 기계에도 결코 떼려야 뗄 수 없는 것이다.

그런 존재를 극복할 때 비로소 한 사람의 훌륭한 사회인으로 성장하는 거다. 카피에는 많은 사람이 품고 있는 고민에 대한 힌트가 담겨 있다. 결국 인생은 혼자라고 생각하기 쉽지만 주변 사람들의 도움을 받아 다시 일어서는 것이 우리의 삶이다. 또한 직장이나 사회에 대한 많은 기대감으로 출발하지만 그 과정에서 수많은 장애물과도 부딪힌다.

하지만 마찰을 두려워하지 않고
포기하지 않으면
언젠가 당신이 추구하는 이상점에
도달하게 될 것이다.

자, 카피 몇 개를 더 살펴보자.

일본에서 제일 맛있는 우동 집

옛날 옛적 어느 곳에
일본에서 제일 맛있는
우동 집이 있었다고 한다.
하지만 그 우동 집이 '있는 곳을'
몰랐기 때문에
아무도 먹으러
가지 않았다고 한다.
(끝)

아무도 모른다면 없는 것과 같다.
나고야 광고업협회

광고의 가장 중요한 요소는 뭘까? 누가 뭐라 해도 사람들에게 관련 정보를 알리는 것이다. 나고야 광고업협회의 광고는 그런 필요성을 잘 일깨워주고 있다. 유머러스하면서도 깊은 울림을 던지는 메시지라 고개가 절로 *끄덕여진다.*

카피를 쓴 주인공은 어떻게 해야 옛날이야기를 너무 길지도, 짧지도 않게 표현할 수 있을까 고심하다가 앞의 문장 길이로 타협했다고 한다.

다음은 필자가 무척 좋아하는 카피 중 하나다. 바로 혼다(Honda)의 카피(2012년)로, 창업주인 혼다 소이치로(本田宗一郎)의 명언을 바탕으로 만들어졌다.

노력한다면 언젠간 보상받는다. 참고 견디면 꿈은 이루어진다. 이런 얘기는 환상이다. 대개 노력은 보상받지 못한다. 대개 정의는 승리하지 못한다. 대개 꿈은 이루어지지 않는다. 그런 것은 현실 세상에서 흔한 일이다. 그렇지만 그게 뭐 어쨌다고? 시작은 거기서부터다. 새로운 것을 시도하면 꼭 실패한다. 화가 치민다. 그래서 자는 시간, 먹는 시간을 아껴 몇 번이고 시도한다. 자, 어제까지의 자신을 넘어서라. 어제까지의 Honda를 넘어서라.
질까 보냐.

인간 사회는 복잡다단해서 교과서처럼 노력이 꼭 보상받는 것도 아니고, 그에 앞서 어디까지가 진정한 노력인지도 단정 짓기 쉽지 않다. 그런 사회를 이미 꿰고 있기라도 한 듯 '절대 포기하지 않는다. 흥, 어디 질까 보냐! 반드시 해보이겠다'라는 반골 정신이 철철 넘치는 카피다.

혼다의 도전 정신이 온몸을 타고
전해지는 듯하다.

세계

더 세게

나를 쳐라.

쓰러지지 않으면 내가 아니다.

다시 일어나지 않으면 내가 아니다.

이는 한명희 시인의 시 〈오뚝이〉의 전문이다. 앞서 소개한 혼다의 카피와 이미지가 겹친다. 무수히 넘어지고 깨지면서도 다시 힘차게 일어나 앞으로 나아가는 칠전팔기의 삶이 연상되지 않는가. 두 메시지 모두 현실이 버거워 고통스러워하는 사람들에게 공감을 일으키고 많은 격려를 해 준다.

끝으로, 첫머리에서 던진 질문에 대한 답이다.

초등학생의 용돈으로는 전철을 타도 그리 멀리까지 갈 수 없다.

이 카피는 출판사인 포플러(ポプラ)사의 책갈피에 적혀 있는 내용이다. 책을 읽으면 어떻게 되는지를 아주 명쾌한 스토리로 전달했다. '가진 게 많지 않아도 책이 있으면 세상 어디든지 갈 수 있어!'라는 책의 본질과 가치를 단적으로 표현한 강력한 메시지다.

좋은 허벅지(살) 있습니다

'재래시장=쇠락' 이는 비단 우리나라만의 얘기가 아니다. 일본 역시 이 공식에서 자유롭지 못하다. 후계자 부족이나 대형 매장 진출로 생존 위기에 처한 재래시장이 일본 전국에 걸쳐 급증하고 있다. 그런 가운데 과거 영광을 되찾으려 몸부림치는 한 재래시장이 주목을 받고 있다. 어느 지역에서나 존재할 것 같은 그저 그런 상점가가 일약 전국의 스타로 떠올랐다. 그 중심에는 유머 넘치는 포스터가 있었다. 주인공은 바로 오사카시 아베노(阿倍野) 구에 있는 '후미노사토 상점가'다. 200m가량 이어지는 이 재래시장에는 생선 가게, 청과물, 서점, 약국, 이불점, 옷가게, 철물점 등이 들어서 있다.

재래시장과 포스터가 어울리기나 해?

한 고기 전문점은 글래머 여성을 모델로 등장시켜 "좋은 가슴(살) 있습니다", "좋은 허벅지(살) 있습니다"라는 카피로 이른바 섹스어필 광고를 했다.
이 밖에도 눈길을 끈 포스터 카피들이 있다.

- 바보에게 듣는 약은 없다. _ 약국 포스터
- 라이벌은 학인가, 거북인가? LED인가? _ 고령자를 위한 체조 교실 포스터
- 나이가 들면 미인인지 아닌지는 피부의 아름다움 여부로 결정된다. _ 화장품 가게 포스터

52개의 가게 앞에 쭉 늘어선 기발하면서도 훈훈한 포스터는 방문객을 절로 미소 짓게 만든다. 포스터에 담긴 카피는 방문객의 감정을 불과 몇 초 만에 뒤흔들어버 린다. 이러한 포스터를 게재한 지 한 달 만에 시장을 찾은 손님이 2배나 증가했고, 일본 전국에서 찾아온 방문객으로 인해 그 효과는 관계자들의 예상을 훨씬 뛰어 넘었다. 오사카의 새로운 관광지로까지 주목을 받고 있다.

과거 후미노사토 상점가에는 100여 개의 점포가 존재했다. 그러다 주변에 대형 마트가 들어서고 교통 환경에도 변화가 생기면서 손님들의 발길이 점차 줄어들 기 시작했다. 상점가 주인의 고령화도 시장 침체에 한몫했다. 그대로 두었다가는 얼마 되지 않아 사라질 것이 분명했다.

그러던 차에 지역 상공회의소가 구원 투수로 나섰다. 오사카상공회의소가 일본 최대의 광고회사 덴츠(電通)의 관서(関西) 지사와 손을 잡고 가게 PR용 포스터를 작업하면서 흐름이 바뀌었다. 포스터 제작은 덴츠의 젊은 사원 연수도 겸해 자원 봉사 형태로 이루어졌다. 카피라이터와 디자이너 60여 명이 30팀을 이루어 52 개 점포를 대상으로 약 3개월에 걸쳐 200종류 이상의 포스터를 제작했다.

매년 기업 광고비가 줄고 있는 현실에서 이와 같은 기획은 젊고 재능 있는 광고 크 리에이터의 육성에도 도움이 되었다. 덴츠의 젊은 사원들은 각자가 맡은 점포를 찾아가 주인의 특징에서부터 취급하는 품목에 이르기까지 세밀하게 관찰한 후에 포스터 제작에 들어갔다. 그렇게 완성된 포스터가 가게 전면에 걸리자 전국의 디 자인 전문 학교와 재래시장 관계자들에게 차츰 입소문이 나더니 급기야 인터넷 에까지 소개되었다. 그 후 후미노사토 상점가를 찾는 손님이 급속도로 늘어났다. 포스터를 부착하기 전까지만 해도 후미노사토 상점가의 주요 고객은 50대와 60

대였지만 최근에는 20대 젊은 층도 찾는 시장으로 바뀌었다. 사실 이 정도 규모의 이벤트를 하려면 막대한 금액이 투입되어야 하나 이를 저렴한 예산으로 실현했다는 점도 높은 평가를 받았다. 하지만 해결해야 할 과제도 존재한다. 시장 노출에는 큰 성공을 거두었으나 정작 매출액 향상까지 직결시키지는 못했다. 일부 상인은 손님들이 카메라로 포스터만 촬영할 뿐 가게 안으로 들어와 물건을 사지 않는다며 푸념을 늘어놓는다.

지옥으로 가는 길은 선의로 포장?

대형 마트와 기업형 슈퍼마켓은 날로 늘어나고 있는 반면 영세 상인이 중심인 재래시장은 갈수록 경쟁력을 잃고 있다. 재래시장은 프랜차이즈형 대형 마트나 슈퍼마켓과 달리 해당 지역의 사회와 문화, 역사적 특수성을 반영하는 매개체였다. 수년 전부터 날로 침체되어가는 재래시장을 활성화시키고자 전국의 지자체는 엄청난 노력을 기울이고 있다. 비만 오면 질퍽거리는 시장 바닥을 개선하기 위해 돔형 지붕을 만들고 바닥에는 대리석을 깔았다. 고객의 접근성과 주차장 문제 해결을 위해 휴일에는 주변 도로에 무단으로 세워놓은 차량을 단속조차 하지 않는 시혜를 베풀고 있다.

또한 재래시장 안의 어두운 조명을 모두 LED로 교체하고, 노후된 점포는 덧칠해 새롭게 단장했다. 포인트에 해당하는 쿠폰과 상품권을 발행하고, 가격 정찰제와 원산지 표시 등 환경적인 측면에서 대형 마트에 뒤지던 점들을 개선했다. 2000년에 들어 정부와 지자체는 재래시장에 엄청난 금액을 투자했다. 급기야 자본주의 사회에서 보기 힘든 대형 마트에게 주말 강제 휴무를 하도록 하는 정책까지 만들었다. 그럼에도 재래시장은 살아날 기미가 보이지 않는다.

특히 강제 휴무 정책은 재래시장이라는 약자를 보호하기 위해 제정된 것인데, 이로 인해 또 다른 약자를 탄생시켰다. 대형 할인점에 납품하는 유통 업계 약자들을 더욱 위축시켰고, 주말이 아니면 쇼핑이 불가한 저소득층 소비자에게서는 쇼핑 선택의 권한을 빼앗아갔다. 백화점 셔틀버스를 규제하는 바람에 승용차를 이용한 고객의 증가로 백화점 주변의 교통 체증만 심해졌다.

'규제의 역설(paradox)'이 현실화가 된 셈이다.

재래시장은 약자이니 무조건적으로 보호받아야 한다는 풍조가 과연 옳은 일인지 잘 따져봐야 한다. 약자를 보호하자는 취지는 공감하지만 경제도, 시장 메커니즘 도 보이지 않는 손에 따라 움직일 때가 가장 효율적이다.

대형 마트의 휴무라는 반사 효과(실상 그 효과는 거의 없다)를 노리기보다 재래시 장 스스로 자생력과 경쟁력을 갖출 수 있는 방향으로 지자체나 정부가 나서야 할 것이다. 다시 말해, 대형 마트 규제라는 측면에서 접근할 게 아니라 재래시장만의 특성을 살린 자생력과 경쟁력 측면에 초점이 우선시돼야 한다. 소비자 취향과 시 장 환경이 변했는데 무조건 재래시장을 감싼다고 살아나는 건 아니다.

재래시장의 첫 번째 과제는
'소비자가 찾고 싶은 시장'을 만들어야 한다.

chapter 08

굴러온 돈을
걷어찬 사연

1998년에 개최된 동계 올림픽은 나가노시 택시 업계에 엄청난 특수를 가져다줬다.
전 세계에서 선수, 임원, 언론사, 관광객들이 한꺼번에 몰려들었다.
특히 국내외 언론사는 익숙하지 않은 취재 지역을 모두 택시에 의존해야 했다.

나가노시의 택시 회사 중 언론사로부터
가장 많은 임대 의뢰를 받은 곳은 '츄오(中央)택시'였다.

하지만 츄오택시의 경영진은 임대 거절 의사를 밝혔다.
그로 인해 다른 경쟁사들이 올림픽 기간 동안 평소의 3배나 되는 큰 수익을 올릴 때
택시 업계 1위였던 츄오택시는 최하위로 밀려나는 수모를 겪었다.

그렇다면 츄오택시는 왜 쉽게 돈을 벌 수 있는 언론사의 임대를 거절한 걸까?

운송 회사가 아니라
서비스 회사인 츄오택시

- 하나, 고객 예약만으로 80~90% 배차가 이뤄지는 택시 회사!
- 둘, "○○ 아니면 타지 않겠다."는 열성팬이 존재하는 택시 회사!
- 셋, 승객을 기다리거나 영업 활동을 하지 않는 택시 회사!

이 세 가지 조건을 모두 만족시키는 택시회사가 세상에 있다면 믿겠는가? 물론 실제로 존재한다. 지금부터 거론할 '츄오(中央)택시'가 그 주인공이다.

일본 주부(中部) 지방 나가노현(長野縣)의 현청 소재지인 '나가노시(長野市)'. 여기에 거점을 두고 택시영업을 하는 관계자에게 지난 1998년은 특별한 한 해였다. 일본에서 두 번째로 동계올림픽이 이 도시에서 개최되던 해였다.

예상대로 동계올림픽은 나가노 택시업계에 엄청난 특수(特需)를 가져왔다. 전 세계에서 선수 및 임원, 언론사, 관광객 등이 한꺼번에 이 도시로 몰려들었다. 그와 함께 택시 수요도 단숨에 뛰어올랐다. 특히, 국내외 언론사는 올림픽 기간 중 익숙하지 않은 취재 지역을 모두 택시에 의

존해야 했다.

나가노시의 택시 회사 가운데 언론사로부터 임대 의뢰를 가장 먼저 그리고 가장 많이 받은 회사는 '츄오택시'였다. 당시 이 회사의 운전기사는 18시간 일하고 평균 5만 엔(원화로 약 50만 원)이란 매출을 올렸으나, 언론사에 임대되는 순간 오전 9시부터 오후 5시까지만 운행해도 7만 엔 수입이 보장되었다. 한마디로 적게 일하고도 더 많은 돈을 벌 수 있는 절호의 기회였다.

그런 기대감에 쌓여 있던 어느 날 돌연 츄오택시 경영진은 대회 관계자 및 언론사 각사를 돌며 임대 거절 의사를 밝혔다. 동계올림픽이 개막되자 다른 택시회사는 평소의 세 배나 되는 큰 수익을 올렸으나, 츄오택시는 나가노 택시업계 최상위에서 최하위로 밀려나는 수모를 겪는다.

임대를 거절한 사연!

츄오택시는 지난 1975년 택시 10대를 가지고 사업을 시작했다. 당시 창업자는 기사들이 인사도 제대로 하지 않는 업계에 의문을 던지며 "고객이 기뻐하는 이상적인 택시 회사를 만들자!"는 목표 아래 '고객 제일주의'라는 캐치프레이즈를 내걸었다. 그런 회사의 철학은 고객의 높은 지지를 받으며 성장을 거듭해 오늘날 업계 수위를 점하고 있다.

이런 츄오택시가 일본 최고의 택시 회사로 거듭나게 된 건 오롯이 발상 전환 덕분이다. 얘기는 1998년 나가노 동계올림픽이 열리기 한 달 전으로 거슬러 올라간다.

올림픽을 눈앞에 두고 택시업계에서는 벌어들일 수익에 대한 기대감으로 가슴이 벅차 있었다. 엄청난 규모의 특수가 예상되고 있었다.

실제로 츄오택시는 몇 달 전부터 나가노시 택시 회사 가운데 올림픽 관계자와 언론사로부터 가장 많은 임대 의뢰를 받은 상황이었다.

이때 불현듯 츄오택시 사장의 머리를 스치는 게 있었다.

"특수로 회사가 큰돈을 버는 건 아주 유쾌한 일이건만, 매일 병원을 오가야 하는 나가노의 할머니나 할아버지는 누가 태워주지? 호출할 택시가 없는데……."

사장은 곧바로 운전기사들을 불러 모아 "지역 고객을 우선할 것인지? 특수를 취할 것인지?"를 두고 의견을 물었다. 그러자 운전기사들의 답변은 한결같았다.

"할머니나 할아버지를 우선적으로 하는 게 좋겠습니다."

이런 결론에 쉽사리 달할 수 있었던 건 창업 이래 '고객이 먼저, 이익은 나중!'이란 회사 경영이념이 회사 구성원 머릿속에 녹아든 덕분이다.

마침내 츄오택시는 특수라는 새로운 고객이 아닌 평상시와 다름없는 기존 고객에 무게중심을 둔 운행을 결정했다. 여타 택시 회사의 상식과는 다른 길을 걷게 된 것이다.

이튿날부터 이 회사 경영진은 대회 관계자 및 언론사를 찾아다니며 전용 임대를 거절하겠다는 의사와 함께 고개 숙여 사과를 해야 했다. 임대 건 가운데 다른 택시 회사로 돌릴 수 있으면 최대한 양해를 구해 돌렸고, 도저히 거절할 수 없는 언론사의 경우에는 회사가 보유한 택시 3분의 1만을 임대하기로 결정했다.

동계올림픽이 개막하자 다른 택시 회사는 엄청난 돈을 벌었다. 평소별 존재감이 없었던 택시 회사마저 전년 대비 3배 이상의 매출액을 찍었다. 반면 나가노에서 오랜 기간 1위 자리를 지켜오던 츄오택시는 그해택시 여객 순위 6위로 밀려나는 쓰라린 경험을 맛봐야 했다.

그랬던 상황이 올림픽이 끝난 다음에는 대반전으로 이어진다. 이듬해엔 곧바로 1위 자리를 되찾았다. 올림픽 특수 거품이 사라지자 다른택시회사의 매출액은 수직으로 하락하기 시작했다. 그런 와중에도 츄오택시의 매출은 되레 증가하기 시작했다.

어디 한번 잘 생각해보라! 동계올림픽 특수는 한시적인 반면, 지역고객은 영원하다. 대회가 끝나면 썰물처럼 관계자나 언론사는 모두 나가노시를 떠나버린다. 그렇게 되면 최종적으로 남는 이는 누구일까? 바로 나가노시 사람뿐이다. 즉, 올림픽이 끝난 이후에도 지속적으로 택시를 이용할 승객은 나가노 시민인 것이다.

나가노 시민 가운데는 지금껏 츄오택시를 이용한 적이 한 번도 없는승객들도 있을 것이다. 츄오택시가 싫어서 그런 게 아니라 주변의 택시회사를 이용하다보니 그렇게 되었다. 이 때문에 올림픽 기간을 잘 활용하면 나가노 시민이 츄오택시를 접할 기회는 더욱 늘어난다.

평소 경쟁사 택시를 애용하던 할아버지나 할머니가 올림픽 기간 중에는 그 회사에 호출 전화를 하더라도 거절당할 가능성이 매우 높다. 올림픽 관계자나 언론사 등에 전용 임대해버린 탓에 일반 고객에게 돌릴택시가 없어서다.

　어쩔 수 없이 할아버지나 할머니들은 전화번호부를 뒤져 또 다른 회사에 전화를 걸게 된다. 어느 회사가 될지는 모르지만 최종적으로는 츄오택시가 선택될 가능성이 높아진다.

　일단 츄오택시를 한 번이라도 이용하고 나면 곧바로 고정 팬이 된다. 올림픽이 끝난 이후에도 지속적으로 이용하게 될 확률은 자연스레 높아진다.

　이런 나비효과(butterfly effect)와 같은 전개를 츄오택시 임직원들은 꿰고 있었다. 이 회사가 취한 역발상 전략은 결과적으로 대단히 주효했다.

다만, 어느 회사건 이런 전략이 가능한 건 아닐 것이다. '고객이 우선, 이익은 나중!'과 같은 경영 이념과 주인 의식을 직원 모두가 치밀하게 공유하고 있었기에 실천 가능했던 전략이다.

혁명아, 츄오택시!

츄오택시의 신입사원 채용에는 아주 까다로운 조건 하나가 붙어다닌다. 이 조건을 만족하지 못하는 사람은 안타깝지만 입사를 접어야 한다.

그건 바로 '과거 택시 운전기사 경험이 아예 없거나 미천한 사람이어야 한다'는 조건이다. 이른바 업계 관행에 찌들지 않은 사람만이 츄오택시의 경영 이념을 소화할 수 있다는 단순한 이유에서다.

이 회사가 경영 이념에서 밝히고 있는 '고객(승객)' 정의는 이렇다.

- 자신 외의 모든 사람
- 우리 생활을 지탱해주는 사람
- 우리의 부족한 부분을 가르쳐주는 인생의 스승

또한 '이익'을 바라보는 츄오택시의 정의다.

- 이익의 본질은 혁신료(料)다.
- 이익은 우리 회사의 진심과 성심성의껏 고객에게 봉사한 결과 얻는

마음의 만족료다.

- 이익은 주도면밀한 계획과 강인한 의지를 통해 확대된다.
- 이익은 우리 회사의 모든 사람과 이를 둘러싼 모든 이에 대한 복지의 원천이다.
- 이익은 우리 회사가 확대 성장해가는 과정에 맞이할 수 있는 리스크 극복의 원천이다.

고객과 이익에 대한 정의를 통해 확인되는 것은 '운송업체'로서의 택시회사가 아닌 '서비스회사'로서의 택시회사가 바로 츄오택시라는 사실이다.

츄오택시의 운전기사가 되는 순간 다음 세 가지 기본 원칙(동작)을 반드시 준수해야 한다.

첫째, 승객이 택시에 오르면 운전기사는 자기소개를 해야 한다.

둘째, 일본 택시는 대게 자동문인 데 반해, 츄오택시는 승객을 태우거나 내릴 때 운전기사가 직접 도어(문)를 열고 닫아준다.

셋째, 비오는 날에는 승객의 집문 앞까지 우산을 씌워 바래다준다.

이상과 같은 세 가지 기본 원칙은 국내는 물론 일본에서도 쉽게 찾기 어려운 접객 서비스다. 현실과는 큰 괴리가 있는, 거의 유토피아 같은 세계의 얘기쯤으로 들린다. 이런 서비스를 츄오택시가 고수하는 까닭에 대한 설명이다.

먼저 자기소개란,

- 승객에게 안심감을 심어주기 위해 실시한다.
- "저는 츄오택시의 ○○라고 합니다. 잘 부탁드립니다"라고 말한다.
- 항상 누구에게나 자기소개를 한다.
- 감사의 기분을 담아 자기소개를 한다.

다음으로 도어 서비스란,

- 자동문을 사용하지 않고 (기사가) 손으로 문을 열고 닫는다.
- 감사의 기분을 담아 문을 열고 닫는다.
- 승객을 소중히 한다는 표현이다.
- 안전을 위한 서비스다.

마지막으로 우산 서비스란,

- 승객이 비에 젖지 않도록 한다.
- 택시 트렁크에는 승객용과 본인(기사) 우산 두 개를 늘 준비한다.

끝으로, 어느 업계에서건 1위는 그냥 되는 게 아닌 모양이다. 그에 합당한 필연적 이유가 존재한다. 회사의 철학과 이념을 구성원 모두에게 심어가는 과정은 더없이 지난하고 소중한 작업이다. 적어도 츄오택시를 보는 한 그렇다.

chapter 09

참치 대가리와 후지산의 관계

지난 2014년 첫날,
전국 유력 신문에 후지산을 연상시키는 산 정상에서
참치 대가리가 불쑥 분화(噴火)하는 전면 광고가 실렸다.

흰 눈으로 덮인 산과 참치 대가리의 조합이
영 어색하다.

광고라는 건 알겠는데, 쉽사리 짐작이 되지 않는다.

이 광고는 과연 어떤 단체가, 무슨 목적으로 게재한 걸까?

지방대의 담대한 도전,
긴키 대학

대문짝만 한 신문 광고로 일본 국민을 깜짝 놀라게 만든 주인공은 오사카 소재의 '긴키 대학'이다. 이 대학은 인공으로 부화시킨 참치 알을 성어(成魚)가 되기까지 일괄 양식에 성공한 '긴키 대학 참치'로 일본 내에서는 제법 유명하다.

지난 2012년, 긴키 대학 수산연구소는 세계 최초로 알에서 부화한 치어가 성어로까지 자라는 것은 불과 1%에 지나지 않는다는 참다랑어의 완전 양식에 성공했다. 참다랑어의 완전 양식은 기본적으로 불가능하다는 의견이 지배적인 가운데 이뤄낸 성과여서 더욱 빛났다.

긴키 대학 수산연구소는 '소나 돼지, 양과 같은 가축처럼 일본인이 가장 좋아하는 생선인 참치도 기를 수 없을까' 하는 남다른 발상에서 연구를 시작했다. 그리고 무려 32년 동안 무수한 시행착오를 거듭한 끝에 마침내 결실을 맺었다.

이런 긴키 대학이 2014년 봄에 엄청난 일을 또 벌여 일본 국민(특히 수험생)들과 언론의 주목을 한몸에 받았다.

바다의 로또, 흑참치

희소성 때문에 '바다의 로또' 혹은 '바다의 다이아몬드'라고 불리는 고급 생선 참다랑어(흑참치)! "참치가 없으면 어물전도 없다"라는 말이 있을 만큼 일본인들의 참치 사랑은 남다르다. 전 세계 어획량의 80%를 일본인들이 먹어 치울 정도다. 마구잡이 포획으로 인해 세계적으로 그 규제가 날로 엄격해지고 있는 가운데 참다랑어의 완전 양식 성공은 긴키 대학의 브랜드 향상에 지대한 공헌을 했다.

긴키 대학은 참치 중심의 양식 생선 전문점을 오사카뿐 아니라 도쿄 긴자에도 개점하면서 전국적으로 대학 지명도를 높였다. 천연보다 양식이 맛있다는 소문까지 돌면서 개점 전부터 손님들이 줄을 서고 있다. '대학이 음식점 경영이라니?' 하는 의구심을 가질 법하지만 발상의 전환인 건 분명하다.

많은 사람이 '긴키 대학' 하면 '참치'를 가장 먼저 떠올린다. 그랬던 이 대학이 또 다른 화두를 들고 나와 이목을 집중시켰다. 근래 입시에서 초대형 사고(?)를 쳤다. 엄청난 입시 부정에 휘말렸느냐고? 물론 그렇지 않다.

긴키 대학은 2014년도 사립대 일반 입시 지원자 수에서 처음으로 일본 최고가 되었다. 4,086명 모집에 무려 10만 5,890명이 지원했다. 이 수치는 지난 2005학년도 지원자 5만 7,596명의 2배에 달한다. 2013년도까지 4년 연속 1위였던 메이지 대학을 제치고 도쿄 외의 지방 사립대로선 처음이어서 의미가 남다르다.

게다가 2018년도 입시에선 전년 대비 지원자가 무려 1만 명 가까이 늘어난 15만 6,225명을 기록함으로써 5년 연속 일본 최고가 되었다. 대체 긴키 대학에 어떤 일이 벌어진 걸까?

전국 최초로 도입한 인터넷 출원을 비롯해 독특한 광고, 독창적인 언론 대책 등 긴키 대학만의 홍보 전략 덕분이다. 이 대학의 홍보부는 거의 매일 보도 자료를 내놓으며 다른 대학에서는 좀처럼 볼 수 없는 공격적인 홍보 활동을 이어가고 있다.

'종이에 의존하던 수험은 이제 그만!'
'긴키 대학은 생태계를 소중히 생각하는 대학이다.'

이런 과감한 광고는 많은 수험생의 주목을 끌었다. 긴키 대학은 인터넷 원서 접수를 2013년도 입시에서부터 도입했다. 2014년도 입시에서는 에콜로지(ecology)를 전면에 내세우며 아예 종이 원서를 없애고 인터넷 접수만 받았다. 일본 최초다. 그러면서 수험료도 3,000엔 할인했다. 수험생들로부터 "종이 원서를 작성할 때는 1~2시간이 걸렸는데, 이제는 15분 정도면 충분하다. 스마트폰으로도 접수할 수 있어 상당히 편리하다"라는 호평이 이어졌다.

사실 국내에서는 이미 10년 전부터 인터넷 접수가 보편화되었으나 일본은 그렇지 못하다. 문제 발생 소지가 전무하다는 판단이 설 때까지는 꼼짝 않는 일본 사회의 특성 때문이다.

대학 서열을 거부하다

2014년 새해 아침, 전국 유력 신문에 일본 최고의 후지산을 연상시키는 산꼭대기에서 긴키 대학의 대명사이기도 한 양식 참치의 대가리가 분화하는 전면 광고가 실렸다. 이 광고를 접한 사람들은 놀라움을 금치 못했다.

그동안 긴키 대학이 내놓은 광고는 늘 파장을 몰고 왔다. 신문 광고든 역 구내 포스트든 긴키 대학의 자극적인 광고는 항상 눈길을 끌었다. SNS가 주도하는 오늘날에는 흥미로운 광고가 있으면 곧장 온라인으로 퍼져 나간다. 이 때문에 그 영향력은 절대적이다.

이 대학의 학생 수준은 관서 지방의 유력 사립대인 '칸칸도리츠(関関同立, 간사이, 간세이가쿠인, 도시샤, 리츠메이칸)'에 뒤지고 있었다. '칸칸도리츠'는 관서 지방에서 무려 40여 년이나 바뀌지 않은 대학 서열이다. 그런 기존 관념을 받아들이고 있는 한 긴키 대학은 칸칸도리츠라는 절대 거인 앞에 무릎을 꿇을 수밖에 없는 구조였다.

하지만 긴키 대학은 예전과 달랐다. 일본 내의 서열을 깨고 세계에 도전하는 대학을 꿈꾸기 시작했다. 긴키 대학의 개성을 강조하고자 지금껏 다른 대학과 손잡고 각종 언론에 대학을 소개하는 '연합 광고'를 과감히 접었다. 여러 대학이 한꺼번에 대중에 노출돼서는 확연한 차이점을 드러내기 곤란하다는 점에서 내린 결단이었다.

2013년 여름에는 전문 분야별로 1,200여 명의 교수 사진과 프로필을 첨부해 소개한 '해설자 가이드(commentator guide)'를 만들었다. 이를 대학 직원들이 오사카 소재의 각종 언론사를 찾아다니며 24시간 취재에 응할 수 있으니 적극적으로 이용해달라고 읍소했다. 신문이나 방송에 긴키 대학의 교수가 해설자로 출연하게 되면 대학 이름이 자연스럽게 노출된다는 점에서 떠올린 아이디어였다.

2013년 4월에는 총무와 입시 부문으로 나눠져 있던 홍보 업무를 통합해 '홍보부'를 설치했다. 15명의 교직원 체제로 대학의 브랜드 향상을 선결 과제로 꼽았다. 긴키 대학은 근래까지 이공계가 중심이었던 탓에 남학생이 압도적으로 많았다. 그로 인해 캠퍼스는 남학생 냄새만 폴폴 풍기는 삭막한(?) 곳이었다. 이런 상황에서 여학생 지원자를 끌어당기려면 캠퍼스의 대대적인 변화가 불가피했다.

먼저 여학생들에게 비교적 인기가 높은 종합사회학부와 건축학부를 신설했다. 2016년에는 국제 관련 학부도 신설했다. 또 강의실을 시작으로 도서관과 캠퍼스 주변 시설 등의 재정비에 적극적으로 나섰다.

나아가 여학생들이 화장과 옷맵시를 가다듬을 수 있는 전용 공간을 마련하는 등 여학생을 의식한 캠퍼스 환경에도 힘을 쏟았다. 그 결과, 입학생 가운데 여학생 비율은 20년 전에 비해 2배나 증가해 30%에 이르렀다.

긴키 대학은 이런 성과에 머물지 않고 앞으로도 파격적인 캠퍼스 꾸미기를 이어나갈 계획이다. 그중 2,400석을 갖춘 24시간 개방 자습실(2020년 완공)은 일본의 다른 대학에서는 찾아볼 수 없는 이례적인 것이다. 고교 시절의 라이프 스타일(집보다 학교나 자습실, 도서관 등에서 공부하는 시간이 많음)을 대학 진학 이후에도 이어가도록 하겠다는 취지다.

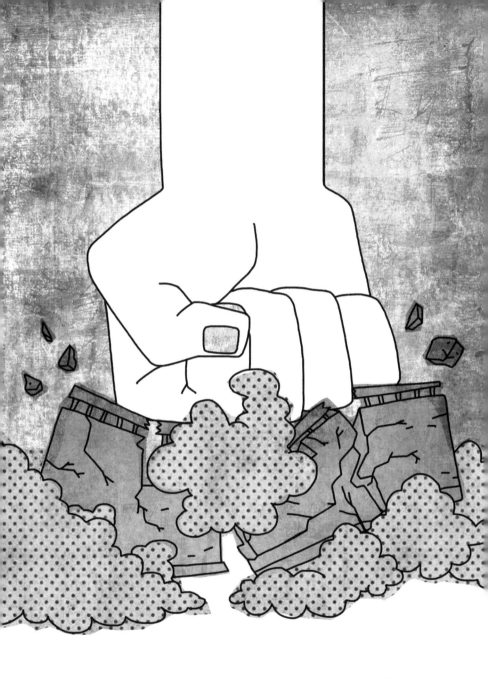

입학식은 엄숙해야 한다고?
대체 누가 그래!

긴키 대학은 딱딱하고 숙연한 입학식과도 작별을 고했다. 2014년 4월에 열린 입학식의 연출은 긴키 대학의 졸업생이자 유명 음악 프로듀서인 츤쿠(つんく♂)가 맡았다. 그는 기존 상식과 발상을 확 뒤집었다. 입학식 사회는 졸업생인 유명 DJ와 런던 올림픽 메달리스트가 담당했다. 그 외에도 다수의 연예인이 입학식에 참여했다.

또한 오프닝은 'KINDAI GIRLS'가 장식했다. 이 그룹은 긴키 대학 재학생 및 신입생 중에서 선발한 퍼포먼스 그룹이다. 그녀들은 춤과 노래로 입학식에 참가한 7,000여 명의 신입생을 단숨에 열광의 도가니로 몰아넣었다.

처음에는 다소 긴장해 있던 신입생의 표정도 하나둘 환하게 바뀌어 갔다. 그들은 연이어 등장하는 퍼포먼스에 매료되어 몸이 절로 반응하기 시작했다. 입학식 주제도 긴키 대학의 신입생과 재학생이 고정관념에 얽매이지 않고 지속적인 도전과 자신의 벽을 훌쩍 뛰어넘기를 바란다는 의미에서 '고정관념을 날려버려라!'였다.

다른 대학에서는 찾아보기 힘든 독특하고 화려한 입학식을 거행하는 이유는 신입생들이 긴키 대학에 입학한 것을 잘했다고 느끼게 하고자 함이 가장 컸다. '입학 첫날부터 대학을 긍정적으로 생각하면 남은 4년의 학교 생활도 알차게 보낼 수 있지 않을까' 하는 것이 대학 측의 바람이었다. 의도는 적중했다.

입학식이 끝난 뒤 신입생들은 이렇게 말했다.

"솔직히 긴키 대학은 1지망도 아니었고, 입학할 생각도 없었어요. 그런데 성대한 입학식을 경험한 후부터 이 대학에서라면 대학 생활을 즐겁게 잘할 수 있을 것 같다는 생각이 들었어요. 상당히 미래 지향적이라는 느낌을 받았거든요."

심각한 저출산으로 학령 인구가 감소해 신입생 유치에 힘겨워하는 국내 대학들도 참고할 만하지 않은가. 긴키 대학의 움직임에 한시도 눈을 뗄 수 없는 이유가 바로 여기에 있다.

chapter 10 ➡️ ➡️ ➡️ ➡️

에잇, 더러워.
똥 얘기 그만해!

위 그림은 대체 무슨 캐릭터?
실은 '똥'이다.
다만, 그저 그런 똥이 아닌, 열도를 들썩이게 만든 똥이다.

냄새나고 불결한 똥, 그래 한껏 천대받는 존재!

그런 똥에 아이들이 열광한다. 뭣보다 똥은 매우 친근하다.

대소변을 가리기 전까지 아이는 '똥'과 부딪히고 싸우는 과히 똥과의 전쟁이 일상이다.

자연스레 똥은 아이에게 친밀한 존재가 된다.

똥으로 엿보는
일본

- 똥벼락
- 똥이 뿌지직!
- 엄마, 나 똥 마려워

위 얘기들이 지닌 공통점 하나는 뭘까? 문장에 '똥'이 들어갔다는 표현은 제외하고 말이다. 모두 똥을 소재로 쓰인 유쾌하면서도 교훈을 주는 '동화책 이름'이다. 실제로 국내에 발행된 책 가운데 그 제목에 '똥'이 들어간 것만 천여 권에 이른다. 오늘날 똥은 아이들에게 가장 사랑받는 주제이자 삶의 주된 관심사 중 하나임이 틀림없다.

똥과 사랑에 빠진 한자!

"똥, 똥, 똥!"
아이가 집안에서 하루 종일 똥을 입에 달고 산다. 평소 같으면 호통이

따를 법하지만 되레 부모로부터 칭찬을 받는다. 이 무슨 황당한 상황일까? 이웃 일본의 얘기다. 그 까닭은 아이가 한자 학습에 몰두하고 있다는 증거여서다.

지난 2017년 3월 말 발매된 초등생용 한자 학습 도서가 두 달을 조금 넘긴 6월 중순까지 270만 부 넘게 팔리면서 공전의 히트를 이어가고 있다. 교재 이름은 《똥 한자 드릴(うんこ漢字ドリル)》이다.

독서대국 일본에서도 한자 도서는 통상 수천 부 정도 팔리면 그런대로 분발했다는 평가를 받는다. 그런 측면에서 《똥 한자 드릴》은 출판업계에서 굉장히 이례적인 일로 받아들여지고 있다. 우리 속담을 빌려 표현하자면, 도서는 "똥 떨어진 데 섰다"가 아닐까! 즉, 예상치 못한 재수 좋은 일이 생겼다는 거다.

이 도서는 일본 초등학교에서 배우는 한자 1,006자를 모두 망라해 학년별로 1권씩, 모두 6권으로 초등학교 한자를 익히도록 구성돼 있다. 그 가격은 권당 980엔(약 1만 원)이다. 한자를 어려워하는 아이들에게 한자 공부는 매우 유쾌하고 흥미롭다는 새로운 관념을 심어줬다. 그런 덕분에 기발함을 넘어 대단한 '발명품'이라는 찬사마저 쏟아진다.

도서 본문엔 한자 한 글자마다 세 개씩 예문이 소개되는데, 모든 예문에 '똥(うんこ)'이 들어 있다는 점이 이 도서의 가장 큰 특징이다. 무려 3,018개에 이르는 방대한 예문 모두에 '똥'이라는 말이 포함됐으니 과히 똥 천지라 하겠다.

초등학교 1학년 대상의 한자 '여자 여(女)'를 예로 들어보자. '여'에 관한 세 개의 예문은 이랬다.

- 여자 앞에선 똥 얘기를 하지 말자.
- 여왕님이 똥을 밟았다.
- 설녀의 똥은 얼음일까!

이처럼 '여'라는 한자를 학생들이 쉽게 기억하도록 모든 예문에 똥 그림(일러스트)과 함께 똥이 들어간 문장으로 표현되고 있다.

현실과 비현실의 조화!

또 다른 특징은, 예문 첫 번째인 "여자 앞에서는 똥 얘기를 하지 말자"와 두 번째인 "여왕님이 똥을 밟다"처럼 현실에 얼마든 존재할 것 같은 내용을 재미있게 풀어쓰고 있다는 점이다. 이에 더해 세 번째 예문에선 "설녀(雪女)의 똥은 얼음일까!"처럼 터무니없고 비현실적 현상을 유쾌하게 표현해 아이들의 두뇌를 마구 흔들어놓고 있다.

현실적인 것과 비현실적인 표현을 유쾌하게 혼재시킨 예문은 6학년 대상의 한자에서도 마찬가지다. 한자 '창 창(窓)'에 대해 이렇게 설명한다.

- 창문 밖으로 똥이 날아갔다.

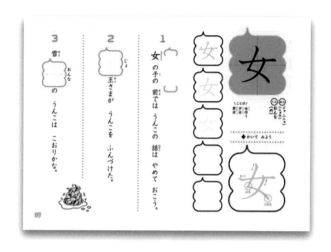

• 창가에 앉아 똥 시집을 읽는다.
• 동창회에 모두가 당시의 똥을 가지고 왔다.

도서 구성도 예사롭지 않다. 표지 색상과 디자인은 깔끔하고 예쁘다. 본문 편집도 화려함을 최대한 절제해 일단 군더더기가 없어 보인다. 또 예문에 '냄새'나 '먹다', '갈색', '노란색'과 같은 똥을 직접적으로 지칭하는 표현과 혐오감을 느끼게 하는 내용은 모조리 배제했다. 괴롭힘(놀림)이나 불결함과 같은 부정적 예문도 배제해 최대한 긍정적 표현을 사용했다.

본문 중에 등장하는 유일한 색이라면, 귀여움과 부드러움의 대명사

《똥 한자 드릴》(초등학교 1년)

인 핑크가 전부다. 똥을 지나치게 현실적 문장으로 드러내면, 학습자가
매순간 똥을 떠올리면서 지저분하고 더럽다는 느낌을 가질 수 있다는
우려에서다.

한마디로 도서는 현실과 다소 거리를 둔 비현실적이고 초현실적 영역
에 똥을 둠으로써 똥을 흔쾌히 즐길 수 있는 존재로 탈바꿈시켰다. 그러
면서 똥의 지저분함이나 역겨움까지도 한꺼번에 날려버렸다. 예리한 기
획이 아닐 수 없다.

그렇다고 이 도서에 전혀 문제점이 없는 건 아니다. 예문을 한정된 공

간 안에 넣어 편집하다보니 '문장이 지나치게 짧다'는 점은 꼭 지적하고 싶다. 기우겠지만 아이들의 사고력과 창의력, 표현력이 단순화될까 우려돼서다.

쿠소타래!

'똥!' 딱 한 글자가 아이의 마음을 단숨에 사로잡았다. 냄새나고 더럽고 그래서 저항감마저 느껴지는 똥. 그런 똥을 어려워하고 지루해하던 한자 공부와 연결시키자 아이들은 열광했다. 지겨운 한자 공부가 어느 순간부터 즐겁고 흥미로운 놀이로 바뀌었다. 아이를 유혹하는 마법의 한마디는 바로 '똥'이었던 셈이다.

그런 아이들 반응에 놀란 부모들은 지갑을 열기 시작했다. 적어도 똥에 관해선 한국과 일본 아이들의 시각은 같은 방향이다. 양국 관계도 똥처럼만 되었으면 좋으련만.

욕하거나 짜증을 내며 누군가를 비난할 때 우린 "이런, 똥 덩어리!", "똥 만드는 기계", "머리에 똥만 들었나!"라며 감정을 쏟아낸다. 동일한 상황에서 일본인들은 어떤 말을 내뱉을까? "쿠소!", "쿠소타래!"라고 힘줘 말한다. 우리말로 "젠장", "제기랄", 영어의 "What the hell?" 정도에 해당한다. 그러나 '쿠소(糞)'란 그 한자에서도 알 수 있듯 '똥'을 가리킨다. 앞으로 그런 '젠장' 똥을 섣불리 대접했다간 큰 코 다칠 수 있다.

이건
무슨 물건이지?

가격대는 몇 천 원에서 몇 백만 원까지 다양하다.
무게 95g, 두께 2.5cm 되는 것도 있다.
5번 접히면서 딱 스마트폰 사이즈가 되기도 한다.
1721년에 창업해 무려 297년의 역사를 가진 곳도 있다.
연간 일본 내 소비량은 약 1억 3,000만 개다.

과연 무엇을 설명하는 걸까?

사진을 통해 알 수 있듯 주인공은 바로 '우산'이다.

우산으로 엿보는
톡톡 튀는 창의력

다양하다. 기발하다. 신기하다. 튼튼하다. 가볍고 편리하다. 발상의 진수를 엿볼 수 있다……

이 모든 건 일본의 우산을 함축한 말들이다. 실제로 그런 우산들이 존재한다.

양복 안주머니에 쏙 들어가는 무게와 두께의 깜찍한 우산, 시속 100Km의 강력한 태풍에도 망가지지 않도록 바람의 저항을 고려한 우산, 바람이 통과하도록 이중 구조로 만든 우산, 등에 짊어진 배낭까지 보호할 수 있는 우산, 상반신이 모두 들어가는 비닐우산(투명도 높음), 화산재를 막아주는 우산, 자외선을 99% 차단해주는 비닐우산, 1인용 우산이 2개 붙어 있는 연인용 우산, 손잡이가 미끄러지지 않는 우산, LED 투명우산(비 오는 야밤에도 시인성이 뛰어남), 반사 소재를 사용한 우산, 모자처럼 머리에 쓰는 우산, 애완견 산보용 우산, 안쪽에 선풍기가 붙은 우산, 평소에는 지팡이로 사용할 수 있는 우산(우산으로 사용할 경우 그 안에 또 다른 지팡이가 준비되어 있음)……

그렇다고 모두 기능성에만 한정되어 있는 건 아니다. 비에 젖으면 어여쁜 꽃무늬가 드러나는 아름다운 우산에서부터 단돈 1,000원짜리의 비닐우산과 100만 원이 넘는 이른바 최고급 우산도 있다.

우산과 카사 사이에 존재하는 것은?

우산은 일상에서 매우 유익한 도구다. 그럼에도 소나기를 만나 역 구내나 편의점에 들러 급히 구입하는 경우를 제한다면, 일부러 시간을 내거나 호주머니를 털어 구입하는 경우는 극히 드물다.

이유는 간단하다. 개업이나 기념식 등의 각종 행사에 가면 사은품이나 답례품으로 'Made in China'가 새겨진 우산을 공짜로 손에 넣을 수 있어서다. 그래서인지 비나 햇볕을 피한다는 본연의 목적 외에는 그리 관심을 두지 않는 편이다. 언젠가부터 우산 구입은 불가피한 선택이고 낭비 그 자체라 여기기에 이르렀다.

게다가 우산 소비량도 점차 줄고 있다. 일기예보의 정확성으로 미리 우산을 준비해 외출하는 사람이 늘었고, 자가용이나 대중교통으로 출퇴근하는 사람이 보편화되었으며, 충실한 방수 성능을 가진 아웃도어의 보급도 우산 소비량을 줄이는 데 일조하고 있다.

하지만 일본의 상황은 우리와 많이 달라 보인다. 교토에 가면 무려 300년도 더 된 명문 우산 제조 업체가 존재한다. 그곳은 바로 츠지쿠라 (辻倉)라는 곳으로, 1690년에 창업해 현재 일본 최고(最古)의 우산 제조 업체로 인정받고 있다. 그 역사만큼이나 우산은 오늘날 일본의 창의력 경연장을 방불케 한다.

우산의 사전적 정의는, 우비(雨備)의 하나로 펴고 접을 수 있어 비가 올 때에 펴서 손에 들고 머리 위를 가리는 도구다. 일본에서는 우산(雨傘)이나 양산(陽傘)이라고 부르지 않고, '카사(傘)'라고 부르는 게 일반적이다. 카사를 더욱 세부적으로 분류하면, 우산(雨傘), 일산(日傘), 화산(和傘), 양산(洋傘) 등으로 구분된다. 우리나라의 비나 햇볕을 차단하는 용도의 의미보다 훨씬 폭넓고 다양하다는 것을 알 수 있다. 비나 눈, 햇볕을 피하는 기본적 용도 외에도 장식용, 무용 도구, 디자인 아이템, 장신구 등 그 용도는 매우 다양하다.

카사의 소비량 또한 만만치 않다. 연간 소비량은 약 1억 3,000만 개로 일본인 1명당 1개 이상의 카사를 소비하는 셈이다. 참고로 한국의 연간 우산의 소비량은 약 2,000만 개로 추정되고 있다. 게다가 일본에는 자동판매기 천국이란 별명에 어울리게 우산을 판매하는 자판기도 존재한다. 그만큼 카사와 일본인들은 매우 친숙하다.

그런 카사지만 사실 그 출발은 한반도에서 비롯됐다. 552년 백제 성왕(聖王)의 명을 받은 사신이 일본에 건너가면서 가지고 간 것이 현재 일본 카사의 원조다. 당초에는 주로 햇볕을 가리거나 불교 의식용으로 사용되었다고 전해진다.

우리나라에서는 거의 사라진 우산 수리 업자도 일본에서는 쉽게 찾아볼 수 있다. 이는 우산이 단순한 비나 햇볕의 차단용에 머물지 않고, 기발하고 창의적인 아이디어가 접목된 고부가 가치 상품으로 거듭난 덕분이다.

비 내리기 전 우산

현재 도쿄의 카사 제조업자는 모두 15명이다. 그동안 후계자 문제로 50년 전과 비교해 약 10% 감소한 상태라고 한다. 또 일본 국내에 유통되고 있는 카사의 12%만이 일본제이고 나머지는 중국산 등 해외 제품으로 충당되고 있다. 이런 환경 속에서도 카사는 또 다른 고부가 가치의 창의적 상품으로 거듭나려 하고 있다는 점에 주목할 필요가 있다.

일본양산진흥협의회(JUPA)에 따르면, 평소에 우리가 무심코 사용하는 우산 하나를 만들기 위해서는 40~50개의 부품이 필요하다고 한다. 우산을 단순한 아이템으로 보기에는 이례적이라 할 정도로 부품 수가 많다.

한편으로 한국과 일본 사이에는 우산(카사)을 두고 공유하는 문화도 엄연히 존재한다. 두 나라는 나이 팔순을 가리켜 '산수(傘壽)'라 부른다. 우산과 나이가 무슨 관계냐고? 실은 산(傘)의 약자 '仐'를 풀어 쓰면 팔십(八十)이 되기에 그렇게 칭하게 된 것이다. 고개가 끄덕여지지 않는가.

또한 우산과 관련한 의미심장한 속담도 존재한다.

'비 내리기 전 우산(降らぬ先の傘).'

이는 유비무환을 가리키는 것일 게다. 그런 마음으로 평소 창의력을 갈고닦으면 훗날 필시 크고 유익하게 사용할 수 있을 것이다.

No rain, No rainbow

아들 | 앗, 빗방울이 떨어지네.

엄마 | 어쩌지? 미처 우산을 준비 못했는데. 편의점에 들러 하나 사자.

아빠 | 그럴 필요 없어. 여긴 '시부야'라고!

아들 | 응?

아빠 | '시부카사'가 있잖니.

그렇다. 젊은이들로 늘 활기 넘치는 도쿄 시부야(渋谷) 거리에는 '시부카사(Shibukasa)'가 있다. 시부야를 거닐다 갑자기 비를 만나면 위 대화처럼 주변 가게에서 비닐우산을 무료로 빌릴 수 있다. 사용한 뒤에는 시부야 소재의 가게에 반환하면 된다.

시부카사의 운영 시스템을 들여다보자. 수많은 사람이 오가면서 깜박 잊고 그냥 두고 간 비닐우산 때문에 골머리를 앓는 기업이나 단체가 의외로 많다. 개인도 마찬가지다. 외출하다 갑자기 만난 비에 편의점 등지에서 하나둘 구입한 우산이 뽀얀 먼지를 뒤집어쓴 채 집안의 좁은 공간을 차지하고 있다. 버리기에는 아깝고 그렇다고 그냥 꽂아 두기에는 거추장스럽다.

이런 기업과 개인은 그런 우산을 시부카사 운영 본부에 기부한다. 운영 본부는 기부받은 우산에 시부카사의 디자인이 새겨진 스티커를 붙인다. 그런 다음 시부야 소재의 다양한 가맹점(의류 가게를 비롯해 카페, 미용실, 대여업자 등을 중심으로 약 50점포)에 배포한다. 시부야에서 갑자기 비를 만난다면 가맹점에 들러 "시부카사 하나 빌려 주세요"라고 말하기만 하면 된다.

빌린 우산은 나중에 해당 가맹점에 반환해도 되고, 여의치 않으면 다른 가맹점에 반환해도 된다. 반환할 때에는 해당 가맹점으로부터 50엔 상당의 할인권을 받을 수 있는 특전이 주어진다. 이 할인권은 시부야역을 중심으로 전국 가맹점에서 이용 가능하다.

한마디로 우산 기부자인 기업과 개인은 남아도는 우산을 재활용해 사회 공헌 활동(CSR) 및 환경 보존에 보탬이 되어 좋고, 소비자 입장에서는 갑작스러운 비를 피하면서 50엔의 할인권까지 받을 수 있어 좋다. 또 가게를 운영하는 가맹점은 우산이라는 매개체를 통해 소비자들을 자연스럽게 자신의 가게로 불러들일 수 있어 좋다. 누이 좋고 매부 좋고, 도랑 치고 가재 잡고, 일석삼조가 따로 있는 게 아니다.

참고로 시부야에서 시부카사 프로젝트가 시작된 건 그 나름의 사연이 있다. 시부야역 주변 지하에는 물이 흐르고 있어 지하도가 많지 않다. 이 때문에 갑자기 비가 내리면 도쿄의 여느 거리처럼 지하도로 피신할 수 없는 구조다. 시부카사 프로젝트는 지난 2007년 12월에 시작됐으며 전국적으로 많은 주목을 받자 2011년 초에 사단법인화해 새롭게 출발했다.

덕분에 시부야를 도쿄, 나아가 일본 전국의
그 어떤 곳보다 아름다운 거리임을 알리는 데
크게 공헌하고 있다.

Coffee Break

여성가족부는 남성이 접수한다

현실에 충실한 원숭이 vs. 상상을 넘나든 인간

인간과 원숭이를 가른 경계다. 유사 이래 인간의 상상에는 늘 무한한 창의력이 함께했음을 잊지 마라. 창의력은 자전거 타기와 같다. 멈추는 순간 넘어진다. 어떤 문제의 해결책은 그 문제가 발생할 때와 동일한 이해력 수준에서는 나오지 않는다고 한다. 장점을 답습하는 것만으로는 더 나은 장점을 이룰 수 없는 법이다. 그러자면 완전히 다른 사고로 문제 접근을 시도해야 해결책이 쏟아진다.
미국의 작가인 폴 호건(Paul Horgan)은 이렇게 지적했다.

**"존재하지 않는 것을 상상할 수 없다면
새로운 것을 만들어낼 수 없으며,
자신만의 세계를 창조할 수 없다면
다른 사람의 세계에 머물 수밖에 없다."**

종종 말도 안 되는 질문을 던지거나 고정관념에 의문을 가져보는 것은 어떨까?

Stay weird, stay different

"만약 ○○라면 어떻게 될까?"

"□□는 어째서 그럴까?"

이와 같은 형식으로 무수한 상상과 질문을 던져보라. 수십, 수백 아니 수천 가지를 떠올려보라! 이보다 더 확실하게 창의력으로 가는 길은 없다. 또한 기존 원칙을 마구 흔들어 부정을 해보자. 모든 창조의 첫걸음은 파괴다. 불만도 가감 없이 토로해보자. 불만은 진보로 나아가는 큰 걸음이다.

머리가 딱딱한 인간으로부터는 불만의 소리가 터져 나오겠지만, 톡톡 튀는 아이디어가 분출되고 가능성은 무한대로 넓어지게 될 게다. 사고는 습관이자 훈련이다. 이를테면, '지구상에 흑백만 남고 색(色)이 사라진다면 어떤 일들이 벌어질까?' 하는 궁금증을 가지고 고민해보자. 이런 내용들이 나올 법하다.

- 다이어트가 불필요하다.(식욕 감퇴)
- 수험 공부가 힘들어진다.(중요 포인트 찾기가 힘들어서)
- 피아(彼我) 구별이 힘들어 전쟁 억제 효과가 있다.
- 몰개성화로 무미건조함이 지구를 엄습한다.
- 인생은 더 이상 장밋빛이 아니다.
- 사전의 두께가 얇아진다.(색 관련 설명이 불필요해서)
- 빛이 없다.(빛이 없으면 색도 없기 때문에)
- 신체검사에서 '색맹' 항목이 사라진다.
- 무지개도, 파란 하늘도, 불타는 저녁노을도 사라진다.
- 오감(五感)이 아닌 사감(四感)에 의존하는 삶이 된다.
- 후각과 청각, 촉각이 발달하면서 코와 귀가 커지고 피부가 예민해진다.
- 콧물과 코피를 구분하지 못해 과다 출혈 환자가 종종 발생한다.
- 단풍(벚꽃) 구경이라는 개념이 사라진다.
- 병원이 돈을 번다.(우울증 환자가 증가해서)
- 세계적으로 색을 되찾기 위한 연구가 급속히 이뤄진다.
- 창의력 계발이 힘들어진다.(다양성이 없어져서)

이제 당신 차례다. 아래처럼 '만약'이란 전제 아래 다양한 질문이나 남들이 꺼리는 상상도 과감히 던져보자. 그런 다음 심각하게 생각해보는 거다.

- 성기가 이마에 붙어 있다면?
- 만약 5년을 주기로 남녀 성별이 바뀐다면?
- 만약 하루 23시간 동안 잠자고 1시간만 일한다면?
- 모든 국민이 동일한 유니폼을 입고 생활한다면?
- 나이를 먹을수록 건강이 좋아지고 지적 수준이 높아진다면?
- 소리나 색을 맛볼 수 있다면, 그 맛은 어떨까?
- 아이를 알로 낳는다면?
- 눈이 뒤통수에도 붙어 있다면?
- 세상 누구도 떠올리지 못한 질문은?
- 운동화 바닥에 끼인 돌멩이 수는?
- "언제 밥 한번 먹자"라고 할 때 '언제'는 대체 언제일까?

형식과 원칙 무너뜨리기

이번에는 기존의 형식이나 원칙을 깨뜨려 부정해보자. 아래 발상은 어디까지나 아이디어 차원에서 언급하는 것이니 우리 사회 관념이나 도덕과 어긋난다고 해서 비난하지 않았으면 한다.

'이혼은 부부 간의 이해력 결핍에서 비롯된다'라는 전제 아래 대안을 모색해보았다. 결혼은 생면부지의 남녀가 만나 한 가정을 이룬다. 그로 인해 부부 간의 이해력(포용력) 차이는 무척이나 클 수밖에 없다. 실제로 구정 연휴 기간 부부 사이에 급속도로 금이 가기 시작해 이혼에 이르는 경우가 많다고 한다. 배우자 가족과 가사에 대한 서로 간의 이해력과 포용력 부족이 원인이다.

이처럼 이해력 부족은 오늘날 이혼의 가장 큰 원인이 되기도 한다. 그 해결책의 일환으로 이런 생각을 해보면 어떨까?

가령 부부 간의 연령 차이가 크면, 어느 한쪽의 이해력 수준이 자연스럽게 높아져 이혼율이 떨어지게 될 게다.

그런 판단 아래 이혼율을 낮추는 해결책을 부부 간의 결혼 연령 조정을 통해 찾아보기로 했다.

먼저, 20대 남성은 40대 여성과 결혼한다. 이 남성은 40대가 되면 기존 파트너와 헤어지고 20대 여성과 결혼한다. 20년 뒤 남성이 60대가 되면 동연배의 60대 여성과 결혼해 평생을 함께한다.

또 20대 여성은 40대 남성과 결혼한다. 이 여성은 40대가 되면 기존 파트너와 헤어지고 20대의 남성과 결혼한다. 20년 뒤 여성이 60대가 되면 동연배의 60대 남성과 결혼해 평생을 함께한다.

배우자와 20세라는 연령 차이가 존재한다면, 이해력 부족으로 충돌할 가능성은 현격히 줄어들 것이다. 격렬한 폭풍 시절을 지나 남녀 모두 60대가 되면 자연스럽게 서로 간의 이해력은 높아질 게 틀림없다.

또 20년을 한 사이클로 결혼 생활의 파트너가 바뀌게 된다면, 삶의 신선함(?)이 작용해 이혼율 저하에도 일조할 게다. 물론 이런 이야기를 남편이나 아내 앞에서 꺼냈다가는 그게 원인이 되어 파탄에 이르는 가정이 늘 수도 있다.

거침없는 역발상

기존 사고를 확 뒤집은 '역발상'을 다양한 영역과 각도에 걸쳐 도전해보자.

- 출판사는 책이 아닌 저자를 만들어 판다.
- 보고 읽게 하는 게 아닌 경험하고 느끼게 한다.
- 대낮에는 학원을, 야밤에는 학교를 간다.
- 여성가족부 장관으로 남성을 임명한다.
- 국방부 장관은 민간인 몫으로 돌린다.
- 수출 자동차를 배가 아닌 비행기로 실어 나른다.
- 비행기가 하늘이 아닌 지하를 난다.
- 남성도 앉아서 오줌을 눌 수 있도록 치마를 일상화한다.
- 화장실 볼일을 보기 전에 손을 씻는다.
- 음식점은 입이 아닌 눈과 코, 귀를 즐겁게 하는 것을 판다.
- 명문 대학의 기준은 이단아 수로 결정한다.

이상과 같은 황당무계한 질문에 답변을 해보거나 해괴한 발상을 떠올리면서 그 다양성이나 독창성, 유용성 등을 기준으로 점수를 매겨본다.

답변을 생각하는 와중에 무수한 아이디어를 떠올리게 돼 두뇌 향상은 물론, 창의력 함양에도 크게 도움을 준다.

명심하라!
창의적이고 비범한 아이디어는
완전한 픽션(fiction)의 일부에서 탄생한다.

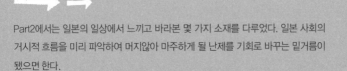

Part2에서는 일본의 일상에서 느끼고 바라본 몇 가지 소재를 다루었다. 일본 사회의
거시적 흐름을 미리 파악하여 머지않아 마주하게 될 난제를 기회로 바꾸는 밑거름이
됐으면 한다.

일본을 느끼고
직시하다

Part
2

chapter 01

○○에
들어갈 단어는?

○○은 향후 100년 동안 우리를 먹여 살릴 산업이다.
TV나 냉장고를 구입하듯 조만간 할인점에서 ○○을 구입하게 된다.
자동차 없는 세상을 상상하기 어렵듯 ○○없는 21세기는 존재하지 않는다.
○○ 혁명이 일어나면, 컴퓨터 혁명 따위는 별것 아님을 알게 된다.
컴퓨터에 손과 다리가 난 것을 상상해보라.
조만간 ○○을 스마트폰처럼 조작하게 된다.

○○에 들어갈 단어는 뭘까?

We Change
the World

지난 2014년 2월 1일, 국제 규격 하나가 조용히 탄생했다. 그건 바로 'ISO 13482'로 지칭하는 '생활 지원 로봇의 안전 관리'에 관한 최초의 국제 규격이다. 하지만 이 소식은 일본 정부가 나서서 성사시킨 규격임에도 이례적이라 할 만큼 일본 내에서는 물론, 우리나라에서도 그리 주목받지 못했다. 그럼에도 이 규격 제정이 몰고 올 파장은 향후 상당할 것이라 예상된다.

'ISO 13482'이 뭐 어쨌다고?

세상은 빠르게 바뀌고 있다. 로봇은 오래전부터 산업 현장에서 널리 활용되어왔고 근래에는 의료, 완구, 배달, 청소, 경비, 국방 등의 분야로 급속히 확산되고 있다. 이런 와중에 새롭게 등장한 것이 바로 '생활 지원 로봇'이다. 이는 산업용 로봇을 제외한 가사, 간병, 복지, 의료 등 우리 생활 공간에서 적극적으로 활용될 로봇으로, 사람들과 동고동락하며 생활에 큰 변화를 불러오게 될 게다.

조만간 사람의 음성과 몸짓 인식까지 가능해지면서 로봇의 소통 폭도 확대될 전망이다. 로봇이 신경 계통과 연결되거나 뇌파 활동을 분석해 사람의 마음을 읽어낼 날도 머지않았다. 공상과학소설에서나 접할 법한 황당한 이야기가 실제로 벌어지는 것이다.

이번에 제정된 ISO 13482의 인증 대상 품목은 세 가지 타입의 로봇 이다.

- 자율적으로 움직이는 이동 작업형(mobile servants)
- 몸에 착용하는 장착형(physical assistants)
- 사람이 타고 움직이는 탑승형(person carriers)

전 세계에서 가장 앞서 고령화가 진행되고 있는 일본은 고령자의 생활 을 체계적으로 지원하고 보조할 수 있는 일손이 급선무였다. 일본 정부 와 기업은 그 해결책을 사람이 아닌 로봇과 그 기술에 주목하게 되었다.

생활 지원 로봇의 활용과 증가는 필연적으로 사람과의 접촉이 증가한 다는 걸 의미한다. 실제로 그간 로봇의 주요 활동 근거지가 산업 현장이 다 보니 일반인들과 부딪힐 기회가 많지 않았다. 그랬던 로봇이 우리 생 활 속으로 들어오면서 변화가 불가피해졌다. 동시에 로봇 사용자나 그 주변 사람에 대한 안전 확보의 필요성도 급부상했다.

일상에서 로봇을 사용하다 프로그램 실수나 결함 등 오작동으로 인해 치명적인 사고가 발생할 수 있다. 사고가 터지면 해당 로봇 제조 기업의 브랜드 훼손은 물론, 거액의 손해 배상 문제로 확대될 가능성이 크다. 그런 우려 때문에 로봇 비즈니스 진출에 소극적인 일본 기업이 많았다.

다시 말해 지금껏 안전사고에 대한 안전 규제나 책임 관계, 사후 처리에 관한 명확한 가이드라인이 마련되지 않아 개인과 기업이 새로운 로봇의 연구 개발이나 투자, 판매, 도입 등을 꺼렸다. 판매자도, 사용자도 모두 위험을 감수하고 싶어 하지 않았다.

실제로 일본 내에서 간병 로봇의 판매와 보급이 부진했던 이유는 가격적 측면보다는 안전 규격이 정비되지 않았던 점이 훨씬 크게 작용했다. '안전'과 관련된 문제에 관해서는 누구보다 민감하게 반응하는 일본 사회 분위기도 한몫했다.

그러던 차에 생활 지원 로봇의 안전 관리에 관한 국제 규격인 ISO 13482가 확립됨에 따라 관련 기업들은 이제 로봇의 판매 및 설치 시 인증을 획득하는 것만으로 자신들의 안전 대책을 입증할 수 있게 되었다. 로봇 판매 기업이 로봇 구매자와 안전 문제로 소송에 휘말릴 경우에도 해당 로봇의 안전 확보에 최선을 다했음을 객관적으로 증명할 수 있게 된 거다.

이는 로봇 구매자에게 신뢰성을 심어주어 생활 지원 로봇의 산업화와 보급에도 큰 탄력이 붙게 된다. 게다가 사회적으로는 저출산 및 고령화 등을 이유로 생활 지원 로봇과 같은 서비스 분야 로봇 시장의 빠른 성장이 예견되고 있어 국제 규격 제정은 의미가 남다르다.

일본 경제산업성의 추산에 따르면, 일본 내 로봇 시장은 2015년 3,700억 엔에서 10년 뒤 2025년에는 2조 6,000억 엔까지 급성장할 것으로 예상하고 있다. 특히 고령자의 건강 상태와 응급 상황을 관리할 실버 케어 로봇 서비스 시장이 조만간 열릴 것으로 점쳐져 일본 기업들의 움직임이 예사롭지 않다. 로봇의 큰 축이 산업용 시장에서 서비스용 시장으로 이동함을 의미한다.

일본의 의료 전문 로봇 제조사인 사이버다인(Cyberdyne)이 개발한 장착용 로봇(physical assistant robot)은 2014년 11월에 세계 최초로 ISO 13482에 근거한 인증을 획득했다. 이 로봇을 몸에 착용하면 혼자서 무려 1.6~2톤 중량의 짐도 운반할 수 있고, 작업 피로도 또한 이전과 비교해 현격하게 줄었다고 한다.

제4차 산업혁명 시대

상상은 계속해서 자란다. 덕분에 로봇은 나날이 진화하고 있다. 최근에는 인간의 생각까지 읽어 움직이는 로봇까지 등장했다. 일반인들의 예상을 훨씬 뛰어넘은 수준이다.

교토(京都) 소재의 국제전기통신기초기술연구소(ART)는 2014년 말 뇌파를 사용해 움직이는 장착형 로봇의 시제품을 공개했다. 조만간 가전 제품과 휠체어를 연계해 고령자나 장애인, 뇌경색 후유증을 앓는 환자 등의 일상생활을 보조할 계획이다.

이 로봇은 사람의 뇌와 기계를 잇는 '브레인 머신 인터페이스(Brain-Machine Interface, BMI)'라 불리는 기술이 도입

된 것으로, ATR와 NTT, 시마즈 제작소 등이 공동으로 개발했다.(〈아사히신문〉, 2014. 12. 5)

2009년에 개봉한 영화 〈아바타(Avartar)〉를 보면 주인공 제이크의 생각이 분신(아바타)의 몸을 통해 그대로 행동으로 옮겨진다. 이처럼 수족을 사용하지 않고 오로지 생각만으로 기계 장치를 움직이는 기술이 바로 BMI이다.

장착형 로봇의 작동 순서는 이렇다. 전동 휠체어에 의지하고 있는 고령자의 머리에 뇌파를 읽어내는 장치를 설치한다. 고령자는 별도의 몸

동작 없이 머릿속에 '물을 마시고 싶다!'라는 필요성만 떠올린다. 로봇은 약 6초 만에 고령자의 뇌파를 분석한 뒤에 전동 휠체어를 물이 있는 곳으로 이동시킨다. 그러곤 상반신에 장착된 로봇이 고령자의 팔을 펴거나 구부려가며 컵으로 물을 떠 고령자의 입가로 가져다준다.

연구팀에 따르면, '물을 마시고 싶다!'라는 사용자의 뇌파가 모호해 그것을 읽어내는 작업이 쉽지 않다고 한다. 그래서 사용자에게 '손을 움직이는 이미지'를 떠올려달라고 해서 이를 작동 스위치로 활용하고 있다.

또 다른 분야에서도 로봇이 현실화되고 있다. 구글을 비롯해 세계 각국에서 개발이 진행되고 있는 무인 자동차가 대표 사례다. 이는 로봇에 IT 및 자동차 기술이 합쳐진 자동차다. 그 배경에는 센서 기술의 향성과 센서를 통해 얻은 대량 정보를 분석하는 빅데이터 기술이 실용화된 측면이 크다.

다가올 50년, 아니 100년은
로봇을 중심(hub)으로 하는
RT(Robot Technology) 혁명의 시대가 될 게다.

일본 정부는 로봇을 컴퓨터 혁명에 이은 '제4차 산업혁명'으로 규정짓고 산업경제성을 중심으로 로봇과 인공지능 등 최신 기술을 활용해 제조 현장의 모든 공정을 자동화하겠다는 강한 야심을 드러내고 있다.

로봇은 우리를 행복하게 만들까, 불행하게 만들까?

전문가들 사이에서 이런 우려 섞인 말도 흘러나온다.

"로봇은 단기적으로 인간이 수행해오던 다양한 과업을 대체하면서 수백만 개의 일자리를 빼앗을 거다."

"지금껏 듣지도, 보지도 못한 새로운 직업들이 등장하게 된다."

"국가적으로 실업 문제가 엄청난 이슈가 될 것이고, 장기적으로는 인류의 생존마저 위협할 수 있다."

"컴퓨터과학 강국인 중국과 러시아 등 모든 국가는 국가적으로 인공지능 우위를 차지하기 위해 다투게 되고, 그게 제3차 세계대전의 원인이 될 수 있다."

결론부터 말하면, 이런 주장들은 기우로 끝날 가능성이 크다. 새로운 기계의 등장이 오래된 일자리를 빼앗아가는 현상은 동서고금에 걸쳐 계속되어온 진실이다. 중요한 것은 새로운 기술은 늘 새로운 일자리도 함께 창출했다는 사실이다.

컨설팅회사 맥킨지가 46개국 800개 직업, 2,000개 업무를 분석한 '없어지는 일자리와 생겨나는 일자리' 보고서에서 오는 2030년 자동화로

8억 명이 직업을 잃지만 대신 8억 9,000만 개의 새로운 일자리가 생겨 난다고 밝혔다.

이에 더해 적어도 로봇이 스스로 창의적 사고와 진화를 거듭할 수 없 다면, 인류의 생존을 위협하는 등 폭주할 요소는 많지 않다.

장·단기적으로 볼 때 로봇으로 대체 불가능한 영역은 다수 존재한다. 로봇 혼자서 수행할 수 없는 분야는 여전히 인간의 몫이다. 이를테면 다 음과 같은 것들이다.

첫째, 고도의 창의력이 요구되는 분야나 미묘한 사회적 인식을 필요로 하는 직업(심리 및 정신병 관련의 직업, 성직자 등)이다. 로봇이 인간의 단순 노동력을 대체해가는 동안 인간만이 발휘할 수 있는 창의력의 중요성은 더욱 부각될 수 있다. 무엇보다 과거와 현실, 미래를 수시로 오가는 '사고 기술'은 가장 오랫동안 로봇을 대체할 인간만의 직업이 될 것이다.

둘째, 사람 손끝의 미세함과 정교함이 요구되는 영역에는 로봇이 인간 을 앞서지 못한다. 이를테면, 섬세한 외과 수술 등은 당분간 인간의 영역 일 수밖에 없다.

셋째, 로봇 진화와 그 시장 성장으로 인해 새롭게 탄생되는 직업들이 있다. 이를테면, 로봇 치료사, 제조사, 조련사 등 실로 다양하다.

향후 10년 동안 웨어러블(착용) 컴퓨터를 비롯해 스마트 카, 스마트 홈, 스마트 소사이어티에 이르기까지 모든 기기가 하나로 연결될 '사 물인터넷(Internet of Things, IoT)'은 지구촌을 초(超) 연 결 사회로 바꿔간다.

우리 일상은 물론 로봇에게도 엄청난 변화를 불러올 수 있다. 이는 로봇 스스로 핵심 기능을 본체에 지닐 이유가 사라진다는 걸 의미한다. 필요한 기능을 가진 물체와 수시로 교류(무선 접속)하면서 해당 기능을 활용할 수 있어 로봇의 효율성은 한층 높아진다.

그런 측면에서도 '로봇'은 미래 산업을 변화시키고 시장을 전복시키며 단숨에 우리의 삶 자체를 재편할 만큼 강력한 힘을 지닌 가장 유력한 후보다.

레이 커즈와일이 말하는 근 미래는 이렇다.

"오는 2029년에는 컴퓨터가 인간처럼 '의식'을 가지게 되고, 2045년에는 인류 전체의 능력을 뛰어넘을 것이다."

이는 단순히 기술 진보만이 아닌 인간의 사고방식에도 큰 변화를 로봇은 가져다줄 것이다. 예측대로 이루어질지는 확실치 않지만, 로봇이 인간을 대체할 노동력으로 급부상한다는 점만은 자명하다.

손안의 스마트폰처럼
로봇을 자유자재로 조작하고
다루게 될 날도 머지않았다.

chapter 02

디지털 음원 vs. CD, 어느 시장이 클까

'넌 아직도 돈 내고 노래 듣니?'

삼성전자와 소리바다가 손잡고 제공하는
무료 음원 스트리밍 서비스 '밀크뮤직'의 홍보 문구였다.
이에 뮤지션과 네티즌들의 거센 비난이 일었다.
대가를 지불하고 음원을 다운받는 것이 지당한 일임에도
제값을 주고 음원을 사면 오히려 바보 취급을 받는 상황이라니!

실제로 각종 불법 음원이 온라인상에 횡행하면서 음원 시장은 갈수록 축소되고 있다.
그런 가운데 전 세계 음원 시장의 움직임과 따로 노는 곳이 있다.

바로 일본이다. 그렇다면 질문!

일본의 음원 시장은 콤팩트디스크(CD) 매출액이 높을까,
인터넷을 통한 디지털 음원 매출액이 높을까?

세계 7.5대 불가사의한 곳, 음원 시장

- 1위: 139만 1,000장
- 2위: 112만 3,000장
- 3위: 111만 3,000장
- 4위: 108만 6,000장
- 5위: 103만 5,000장
- 6위: 102만 8,000장

이는 2017년 오리콘 싱글 차트 Top6다. 밀리언셀러 1위부터 4위를 기록한 가수는 앞서 소개한 일본 최고의 걸그룹 AKB48이다. 물론 AKB48의 '밀리언셀러' 배경에는 그녀들의 치밀한 전략(악수회 초대권, 총선거 투표권)과 폭발적인 인기가 한몫했지만 그렇다 해도 2017년에만 밀리언셀러가 무려 6장이나 쏟아진 건 이례적인 일이 아닐 수 없다.

일본이 미국에 이은 세계 제2위의 음원 시장이라고는 하나 벌어진 입이 쉽게 다물어지지 않는다. 혹시 우리가 모르는 일본 시장만의 비밀이 있는 것은 아닐까?

미국 57.2%, 영국 64%, 일본 85%

위 3국의 숫자는 각국 내 음원 시장에서 CD가 차지하는 비율이다. 전 세계의 음원 시장 매출액은 150억 달러로, 현재도 그중 41%는 음원이 차지하고 있다. 미국의 경우 2006년에 모든 점포가 사라진 타워 레코드(Tower Records)가 일본에서는 아직도 87개(2015년 1월) 점포(도쿄 및 수도권에 34개)가 영업을 계속하고 있다.

스마트폰과 MP3 플레이어가 손안으로 들어오면서 각국 음원 시장의 큰 흐름은 '디지털 음원'이 되었다. 노래를 다운받거나 인터넷을 통해 실시간 감상하는 방식(스트리밍)이 전 세계 음원 매출액의 60%를 차지한다. 참고로 한국의 2012년 음반 시장 매출은 1,500억 원에 그친 반면, 디지털 음원 매출은 9,500억 원이었다.

이러한 세계적인 흐름에도 불구하고 일본의 디지털 음원 매출은 오히려 격감하고 있다. 일본레코드협회(RIAJ)에 따르면, 음원 시장 매출액은 지난 2009년 909.8억 엔에서 2013년에는 416.6억 엔으로 반 토막이 났다.

이런 기이한 현상을 어떻게 판단해야 할까?

늘 새롭고 다양한 것을 추구하며 기발한 아이디어나 기술 측면에서 세계 최첨단을 달리는 나라 일본! 그런 나라임에도 음원 시장만큼은 쉽사리 납득이 가지 않는다. 한마디로 일본은 음원에 관한 한 세계 시장의 흐름과 완전히 역행하고 있다.

그렇다면 일본인들은 왜
장당 3,000엔(약 3만 원) 전후에 달하는
고가의 CD를 좋아할까?

이는 Part1에서 언급한 AKB 상법만으로는 설명이 불가능한 신드롬
이다. 여기에는 분명 일본만의 어떤 비밀이 숨겨져 있다.

K-POP의 재기를 꿈꾸며

일본인들이 디지털 음원보다 CD를 선호하는 이유 혹은 그럴 수밖에
없는 이유는 뭘까? 지금부터 하나씩 살펴보자.

첫째, 일본인 특유의 수집벽과 팬덤(사람이나 물건에 대한 광적 지지)이
결합된 현상이다. 단순히 가수의 노래를 듣는 차원을 넘어 관련 물건을
소장하는 것을 선호하는 일본의 문화적 요인이 한몫했다. 실제로 음반
은 눈에 잘 보이는 곳에 화려하게 장식을 해둘 수 있지만 디지털 음원은
그 누구의 눈에도 드러나지 않는다.

둘째, 일본의 레코드 회사는 보수적이고 디지털 사업을 의문시하는 풍

조가 있다. 일전에 〈뉴욕타임스〉는 "일본 레코드 업계에서는 여전히 디지털 음원의 수익성에 의구심을 품고 있어 디지털 음원 업체와 저작권 관련 협상에만 수년씩 걸릴 정도다"라고 꼬집었다. 그러다 보니 일본 내의 많은 음원이 아직도 디지털로 발신되지 못하고 있다.

셋째, 눈에 직접 보이지 않는 것에 관한 일본인 특유의 불신감도 한몫하고 있다. 일본인은 직접 보고 만질 수 있는 형태를 선호하고 신뢰한다. CD는 손으로 만질 수 있고 가수 개개인의 성향이 담겨 있어 소장 가치가 크다. 이 때문에 CD 제목과 글씨체, 디자인 등의 수려함은 선택의 중요한 요소가 된다. 또한 일본인들은 디지털 음원은 언제까지 보관할 수 있을지 신뢰가 가지 않아 백업 차원에서도 실물 형태의 CD를 선호한다.

넷째, 일본은 신용카드 사용률이 낮다. 신용카드 과잉 사회인 한국과 달리 일본인들은 물건을 구입하고 결제할 때 형태가 있는 현금 결제를 선호한다. 필자가 도쿄에 머무는 동안 간단한 물건을 구입하거나 식사를 한 뒤에 신용카드를 내미는 일본인을 거의 보지 못했다. 상대(가게 주인)를 배려하는 일본인 특유의 심리도 신용카드 사용률을 떨어뜨리는 원인이다. 아예 신용카드 결제 단말기가 없는 가게도 있다. 그런 점들이 온라인 경제를 필요로 하는 디지털 음원 시장으로의 진입을 방해하고 있다.

그 외에도 현재 일본 음악 시장을 주도하고 있는 걸그룹 AKB48의 팬 서비스와 음반을 연계시킨 교묘한 AKB 상법도 CD 음원 시장 매출액에 큰 몫을 차지하고 있다.

일본의 대표 음악 축제인 NHK의 '홍백가합전(紅白歌合戰)'에 트와이스가 출연했다. 우리 가수의 출연은 2011년 카라, 소녀시대 이후 6년 만이다. CJ E&M의 연말 음악 시상식 '엠넷아시안뮤직어워즈(MAMA)'도 요코하마에서 열렸다. 일본 가요계에서 K-POP 부활을 알리는 신호탄으로 감지된다.

놀라운 소식이다. 방탄소년단(BTS)이 정규 앨범 3집으로 한국 가수 최초로 미국 빌보드 메인 차트 1위에 올랐다. 외국어 음반이 '빌보드 200' 1

위에 오른 건 12년 만이다. K-POP은 이제 세계 대중문화의 심장부를 겨냥하고 있다.

일본에서 K-POP이 다시 한 번 불을 지피려면, 다음의 다섯 가지 요소가 잘 연계되고 조화돼야 한다.

1. 소비자가 '보고(형태를 갖춘 재킷을 포함한 가수의 다양한 퍼포먼스)'
2. '듣고(멜로디)'
3. '느끼고(현장 공연 참가)'
4. '참여 및 응원(가수와 커뮤니케이션)'을 하며
5. '소장(가수의 음악을 공유, 음원 구매)'으로 이어지게 해야 한다.

CD가 팔리지 않는 세상이다.

그럼에도 각종 콘서트의 관객은 늘고 있다.

물질이 넘쳐 나는 풍요로운 사회에서는
소비 대상이 '물질'에서
'경험'으로 옮겨 가기 때문이다.

이런 점도 충분히 고려해 전략을 짜야 한다.

chapter 03

유아용 vs. 성인용, 어느 시장이 클까

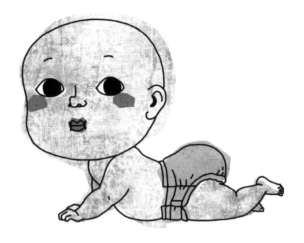

60대 중반 남성이 눈물겨우면서도 한편으로는 부끄러운 경험을 털어놓았다.

"소변을 보고 지퍼를 닫는데
그곳(?)에서 오줌이 뚝뚝 떨어져 바지가 젖는 경우가 있어요.
그럴 땐 손을 씻은 후에 휴지로 닦지 않고 그냥 바지에다 쓱쓱 문질러요.
물 묻은 바지처럼 보이게 하려고요."

남의 이야기가 아니다.
머지않아 당신의 이야기가 될 수도 있고,
어쩌면 현재 우리 부모의 이야기일 수도 있다.

'기저귀' 하면 떠오르는 대상은
대소변을 가리지 못하는 어린아이다.

그렇다면 오늘날 기저귀 시장은
육아용 시장이 클까, 성인용 시장이 클까?

60세 이하 젊은 녀석들, 저쪽으로 가 있어!

일본 사회 어딜 가던 고령자가 넘쳐난다. 이미 4명 중에 1명이 65세 이상인 초고령 사회다. 사회도, 문화도, 소비도, 그 주체는 모두 고령자다. 버스에도, 외국어 학원에도, 공원에도, 음식점에도, 시장에도, 서점에도, 축제에도, 카페에도, 젊은이들의 공간인 대학의 공개 강좌에도 고령자가 넘쳐난다.

TV 홈쇼핑이나 카탈로그, 신문 광고 전단에 실린 아이템도 대부분 건강식이거나 고령자용이다. 물론 그 모델도 고령자다. 국가 및 지자체의 정책도, 각종 선거의 이슈도, 기업의 비즈니스 전략도, 책과 잡지, 신문, 방송 등 매체의 주요 화두도 고령화다.

지난 2005년 세계 최초로 초고령 사회(65세 이상이 총인구의 20% 이상)에 진입한 일본은 이미 4명 중에 1명이 65세(27.7%)를 넘어섰다. 2015년엔 80세 이상이 처음으로 1,000만 명을 돌파, 2035년엔 65세 이상이 3명 중 1명, 75세 이상이 5명 중 1명꼴이 될 전망이다.

그러다 보니 부가가치 창출의 주체마저 고령자로 채워지고 있다. 고령자나 그 관련 얘기를 빼고 일본 정치나 사회, 문화, 기업 등을 논의하는 게 불가능해졌다. 이들은 건강과 지식은 물론 돈까지 소유하고 있다.

비단 고령화는 일본만의 문제가 아니다. 중국도 2013년에 60세 이상 인구가 2억 명을 넘어섰다. 세계적으로 보더라도 아프리카 및 중동을 제외한 대부분의 지역이 2030년까지 고령 비율이 7%가 넘는 고령화 사회에 진입한다. 그런 측면에서 오늘날 일본 사회는 전 세계가 주목하는 고령자 시장이다.

- 아시아 61%
- 유럽 13%
- 중남미 9%
- 북미 6%
- 오세아니아 1%
- 아프리카 10%

위 숫자는 국제연합(UN)이 작성한 2050년의 세계 고령자 인구 비율이다. 주목할 점은 아시아의 고령자 인구 비율이 무려 61%로, 전 세계를 압도한다는 사실이다. 일본을 선두로 한국, 싱가포르, 중국이 그 뒤를 바짝 쫓고 있고 태국, 베트남, 인도네시아 등 동남아시아 국가들도 조만간 고령 사회를 맞게 될 전망이다. 이런 고령화는 인류가 생긴 이래 처음으로 당면하는 난제다.

전 세계에서 가장 먼저 초고령 사회를 맞은 일본에는 고령자의 니즈에 맞춘 서비스가 속속 등장하고 있다. 슈퍼마켓이나 백화점의 카트는 대부분 플라스틱 바구니 하나만 올라가도록 작고 가볍게 설계해 밀거나 끌기 쉽도록 만들었다. 또 반찬을 비롯한 각종 식자재 등은 소량으로 묶어놓았고, 상품 결제 후 옮겨 담는 포장대 역시 낮게 설치해 고령자들이 불편을 겪지 않도록 했다.

죽음을 파는 비즈니스

고령자가 일본 사회에서 갖는 잠재력은 어느 정도일까? 〈니혼게이자이신문〉에 따르면, 2011년도 60세 이상의 연간 소비 지출액은 처음으로 101조 2,500억 엔을 돌파했다. 이는 전체의 44%에 해당한다. 또 니혼은행에 의하면, 예금액 471조 엔 중 약 40%를 60세 이상의 고령자가 소유하고 있다고 한다(2010년). 따라서 60세 이상의 시장을 활성화시키면 일본 경제에 미치는 경제적 효과는 10조 엔을 넘을 것으로 예상하고 있다.

> 고령자를 대상으로 하는 비즈니스는
> 성장 잠재력이 가장 큰
> 시장의 하나로 주목받고 있다.

고령자 오피니언 리더로서 사회 활동에도 매우 적극적이다. 2014년 한 해 〈아사히신문〉 의견란 투고자(6만 955통)를 연령대별로 분류해본 결과, 70대 이상이 32.1%, 60대가 22.5%, 50대가 12.8%, 20대 미만이 11.9%, 40대가 9.5%, 30대가 2.8%, 20대가 1.7%였다.

고령자의 신문 투고가 많은 것은 현역에서 은퇴해 시간적 여유가 많다는 점이 주요 원인일 수 있다. 그럼에도 70대 이상의 투고자가 32.1%, 60대와 70대를 합치면 54.6%라는 것은 일본이 이미 초고령 사회임은 물론 이들의 사회 활동 반경이 매우 넓고 적극적이라는 사실을 엿볼 수 있다.

근래 한국도 40~50대를 중심으로 정치와 경제, 사회는 물론 새로운 문화 상품을 요구하고 소비하는 현상들이 두드러진다. 20년 뒤 이들은 이 땅에서 배고픔을 몰아내고자 신산스러운 삶에다 평생 자신을 위해

나는 젊어봤다!
너는 늙어봤니?

살아본 적 없는 부모 세대, 이른바 영화 〈국제시장〉의 덕수 세대와 달리 지식과 경험에다 경제적 여유까지 갖춘 강력한 문화와 소비의 주체로 부상하게 될 게다.

따라서 한발 앞서 고령자 대상의 비즈니스를 세세히 간파할 수 있다면, 조만간 서게 될 지구촌 큰 시장의 주역 자리를 꿰찰 수도 있다.

밤새 흥에 겨워 부어라, 마셔라 하는 노래방(가라오케)도 바뀌고 있다. 몇 년 전부터 노래방 전문점인 고시다카(Koshidaka)에는 문을 열기 전부터 가게 앞에서 진을 치는 고령자가 늘었다. 이런 분위기를 읽은 회사 경영진은 2013년부터 대부분의 자사 노래방 개점 시간을 오전 11시에서 9시로 두 시간 앞당겨 열기로 결정했다.

고령 인구의 증가와 더불어 건강과 병, 죽음 등과 관련된 비즈니스는 계속해서 확대될 것이다. 이 가운데 '죽음'과 관련된 비즈니스라면, 우선적으로 장례 관련 사업을 떠올릴지 모르겠으나 그것이 전부가 아니다.

고쿠요의 자필 유언장 '키트'

문구 및 사무용품 업체로 잘 알려진 '고쿠요(Kokuyo)'는 엄청난 돈을 벌었다. 이 업체는 지난 2009년에 '15세부터 쓰는 유언장', '재산이 별도로 없어도, 아직 어려도 유언장은 필요합니다'라는 카피를 내세워 고쿠요의 자필 유언장인 키트(kit)를 출시했다. 키트는 만화나 그림을 사용해 가족 구성별 사례와 예문, 작성법 등을 알기 쉽게 꾸몄다. 덕분에 비싼 가격(2,415엔)임에도 불구하고 시장에 큰 반향을 일으키며 히트 상품에 선정되었다. 구매자의 절반은 60~70대였고, 30~40대도 20% 가까이 차지했다.

유언장을 써보면 살아온 삶을 뒤돌아보는 계기가 되어 얻는 것이 많다는데, 그런 심리가 유언장 세트 구입으로 이어졌다는 분석이다. 이어 고쿠요는 '만일의 경우 도움이 될 노트'라는 이름의 '엔딩 노트'도 발매해 소비자들의 각광을 받았다.

발상을 바꾸면 비즈니스는
얼마든지 달라질 수 있다.

이변이 속출하는 신시장

일본 사회에서 시작된 인구 동태 변화는 우리 눈에는 기이하게 비춰질 만큼 역전 현상을 불러오고 있다. 대표적인 것이 바로 성인용 기저귀다.

저출산과 고령화가 동시에 맞물리면서 기저귀 시장에서 이변이 속출하고 있다. 유아용은 지속적으로 줄어드는 반면, 요실금이나 배뇨 문제로 기저귀를 사용하는 고령자는 꾸준히 늘고 있다.

한국 역시 일본 이상으로 빠르게 늙어가고 있다.

65세 이상 인구 비율이 7%를 넘는 고령화 사회에서 그 비율이 20%를 넘는 초고령 사회로의 진입에 이탈리아는 79년, 독일은 77년, 일본은 36년이 소요되었다. 한국은 2000년에 고령화 사회에 진입했고, 2017년엔 노인이 전체 인구의 14%를 넘는 고령 사회에 진입했다. 그 기간이 17년이니 세계 신기록이다. 오는 2026년엔 초고령 사회에 진입할 것으로 관측된다. 더해 2016년 11월을 기점으로 한국은 '노인 나라'가 됐다. 65세 이상 노인 인구가 유소년(0~14세)을 추월했다. 일본을 훌쩍 뛰어넘는 빠른 속도다. 긴장해야 함에도 어찌 된 일인지 사회 구성원들이 체감하는 정도는 미미하다.

오는 2060년부터는 국민연금에 보험료를 내는 사람보다 연금을 타는 사람이 많아진다는 심각한 전망도 나온다. 국세 수입은 매년 줄어드는데 복지 예산은 갈수록 늘고 있다. 또한 머지않아 이루어질 통일은 북한에 엄청난 복지 비용을 지출해야 한다는 사실도 염두에 두어야 한다.

우리보다 한발 앞서 초고령 사회를 맞은 일본은 거대한 실험 시장이다. 일본 정부의 대응과 기업 전략은 짧게는 몇 년, 길게는 수십 년 뒤 한국이 나아가야 할 큰 틀의 방향성이 될 수 있다. 우리가 일본보다 안도할 수 있는 것이 있다면 그것은 단 하나, 후발 주자라는 점이다.

그런 측면에서 우리 정부나 기업은 일본에서 한시도 눈을 떼어서는 안 된다. 조만간 어마어마한 제3의 시장이 펼쳐질 것이다. 일본에서 성공을 거둔 정책은 잘 다듬어 사용하고, 잘못된 것은 반면교사로 삼으면 된다.

과연 성장 없는 번영과 안정이 정착하는지
일본을 유심히 지켜보자.
미래의 먹을거리는 가까운 곳에 있다.

chapter 04

오줌보가
터질 것 같아.
어쩌면 좋지?

아랫배에서 부글부글 긴급 신호를 보내온다.

주변을 아무리 둘러봐도
화장실이 눈에 들어오지 않는다.

그렇다면 대체 어디를 향해 냅다 뛰어야 할까?

만능 공간으로 화려하게
변신한 편의점

- 80%가 고정 고객
- 고객 80%가 점내에 머무는 평균 시간 5분 이내
- 탁월한 생산성(평당 매출액 최고)

이는 일본 편의점의 세 가지 기본 특성이다. 우리와도 크게 다르지 않으리라. 지난 2016년 한 해 동안 일본의 편의점을 방문한 고객은 172억 785만 명이었고, 대형 편의점 8사의 매출액 총액은 10조 5,722억 엔(약 11조 원)이었다. 일본 국민이 평균 사흘에 한 번꼴 편의점을 찾았고, 객단가는 614.4엔이었다. 동네 슈퍼마켓이라는 개념이 사라진 일본에서 편의점은 가장 작고 친근한 유통 채널이다.

근래 KFC와 던킨도넛, 각종 커피 전문점을 가장 위협하는 곳이 어디인지 아는가. 바로 편의점이다. 건강까지 고려했다는 저칼로리 치킨에 먹음직스럽고 귀엽기까지 한 도넛, 환상적인 향과 맛의 커피까지……. 편의점에 가면 저렴한 가격에 먹고 마실 수 있다.

없는 것을 찾는 게 빠른 일본의 편의점

일본 편의점의 간단한 식료품이나 아이들의 주전부리 판매, ATM, 택배 서비스 등은 우리나라와 매우 흡사하다. 다만 일본에서 취급하는 물품이나 서비스는 우리나라와 비교가 되지 않을 정도로 매우 다양하다.

음료와 주류는 물론 샐러드, 초밥, 빵, 과자와 같은 식품과 간식의 종류는 웬만한 대형 마트 수준이고, 크게 눈치 보지 않고 신간 잡지나 만화책을 넘겨볼 수도 있다. 공과금 납부와 인터넷 쇼핑 대금 결제, 엽서와 우표·수입 인지 구입, 전기 자동차 급속 충전, 사진 인화, 증명사진 촬영, 각종 물품의 예약 판매, 클리닝, 콘서트나 이벤트 티켓 예매, 쿠폰 발급 등도 할 수 있다. 최근에는 연료 전지 자동차의 수소 스테이션을 구비하고 있다. 안 되는 서비스를 찾는 게 훨씬 빠를 지경이다.

접객 수준도 우리나라와 하늘과 땅 차이다. 인사는 기본 중 기본이라 거론하지 않겠다. 손님이 계산대 앞에 물건을 올려놓으면 종업원은 바코드 인식과 동시에 물건 이름과 개수를 "○○ 1점, □□ 2점, ◇◇ 1점······"처럼 일일이 말하며 직접 봉투에 담아준다. 거스름돈이 지폐인 경우에는 더욱 신경을 쓴다. 종업원은 손님 눈앞에 거스름돈을 내밀어 한 장씩 세어 보인 다음에 건네준다. 오간 돈으로 인해 야기될 수 있는 불미스러운 일을 원천적으로 차단하겠다는 의도다.

물건을 담은 봉지도 그냥 손님에게 내주는 법이 없다. 손잡이 부분을 살짝 말아 손님에게 내민다. 넘겨받다 실수로 손잡이 한쪽만 쥐어 안의 내용물이 떨어지는 것을 막고 손님이 조금이라도 들고 가기 편하게 하기 위함이다.

예전에는 편의점 직원이나 아르바이트생은 일본인의 전유물로 생각했는데 일손이 부족해 최근에는 한국인은 물론 중국인, 동남아시아인들과 같은 외국인 유학생들로 점차 채워지고 있다. 이 또한 일본 편의점의 또 다른 풍경이다.

제3의 고객이 출현하다

오는 2050년의 전 세계 60세 이상 인구는 약 20억 명으로, 현재의 2배에 달할 것으로 추산된다. 이런 고령화 현상의 심화는 '실버 이코노미(Silver Economy)'의 급부상을 의미한다.

영국의 시장 조사 기관인 유로모니터에 따르면, 오는 2020년에 노년층이 되는 베이비부머들의 구매력이 무려 15조 달러에 달할 것이라고 한다. 또한 〈파이낸셜타임스〉는 "과거 어느 때보다 건강하고 부유한 고령층의 급증은 새로운 소비층의 부상을 의미하며, 그 구매력은 기존의 주요 소비층(18~39세)보다 압도적으로 크다"라고 밝혔다.

실제로 그런 일들이 일본에서는 이미 벌어지고 있다. 그 단면을 적나라하게 들여다볼 수 있는 곳이 바로 편의점이다. 지금껏 편의점이 가진 이미지는 이랬다.

세븐일레븐 방문 고객의 연령별 구성비

연도	20세 미만	20대	30대	40대	50대 이상
1989년	28%	35%	18%	11%	9%
1999년	17%	36%	19%	12%	16%
2009년	10%	22%	23%	17%	28%
2015년	6%	19%	20%	22%	33%

"가깝고 편리하긴 한데 가격이 좀 비싸단 말이야!"

이런 이유로 편의점은 심야에 일하는 사람들이나 '젊은 남성'을 주요 고객으로 성장해왔다. 하지만 최근 몇 년 사이에 편의점의 이미지가 빠르게 바뀌고 있다. 중·고령층과 여성 비율이 점차 증가하고 있다. 이는 편의점 최강자로 불리는 세븐일레븐 방문 고객의 연령별 변화를 통해서도 쉽게 확인된다.

지난 1989년엔 20대 이하의 고객이 63%였으나, 2015년엔 그 절반 이하인 25%까지 축소되었다. 반면 같은 기간 50세 이상은 9%에서 33%로 3배 이상 확대되었다. 이처럼 50세 이상의 고객 비율이 높아지고 있는 상황이다.

그에 발맞춰 편의점들도 도시락 등 인스턴트식품 중심에서 중·고령층의 요구에 맞춘 소량 포장의 반찬과 가공 식품을 대폭 확충하고 있다. 특히 도시락은 웬만한 전문 음식점과 비교해도 질이 떨어지지 않는다는 평가다.

세븐일레븐은 2012년부터 전체의 80%에 해당하는 점포에서 배식 서비스를 실시하고 있다. 이용자의 60%는 60세 이상이며, 2013년도의 매출액은 250억 엔으로, 전년 대비 2배 이상 증가했다.

일본의 편의점 중 한 곳인 로손(Lawson)은 중·고령층이 가장 관심을 갖는 '건강'을 전면에 내세우고 있다. 이 편의점은 당분이 적게 들어간 빵을 판매해 인기를 끌었다. 판매량이 적더라도 없어서는 안 되는 상품 군도 선정했는데, 이는 여성들의 반복 구매 특성을 반영해서다. 2016년 부터는 식료품의 25%를 건강에 중점을 둔 물품으로 전환했다.

2015년 4월 초, 로손은 세계 최초로 노인과 여성을 주요 타깃으로 하는 '개호(介護) 편의점'을 열었다. 이곳에서는 일반 편의점 상품뿐 아니라 기저귀와 패드, 부드러운 레토르트 식품 등 개호 관련 제품을 판매한다. 일반 매장보다 500여 품목이 더 갖추어져 있다. 낮에는 케어 매니저도 함께 근무하며 고객(고령자)의 건강 관리를 지원한다.

저기, 화장실 좀 사용할게요!

몇 년 전부터 편의점에 큰 변화의 바람이 불고 있다. 편의점을 애용하는 고객층의 변화가 몰고 온 바람이라 해도 과언이 아니다. 그 이면에는 두 가지 요인이 영향을 미쳤다.

첫째, 동일본 대지진(2011년) 이후 중·고령층 소비의 변화

동북 지방을 강타한 일본 관측 사상 최대인 리히터 규모 9.0의 지진과

이어 밀어닥친 초대형 쓰나미는 물류 체계를 모조리 망가뜨렸다. 그런 대혼란 상황에서도 편의점은 빠른 회복세를 보여 쇼핑에 곤란을 겪던 중·고령층이 대거 주변 편의점으로 발길을 옮겼다. 편의점도 다가온 중·고령층 고객을 놓치지 않으려 갖은 아이디어를 짜내기 시작했다.

둘째, 빅데이터의 활용

포인트 카드 등의 보급으로 기존의 POS(판매 시점 정보 관리)보다 세밀하고 연령, 성별 등을 포함한 소비 행동을 읽을 수 있게 되었다. 이런 데이터를 활용해 중·고령층의 라이프 스타일과 감성을 자극한 자체 브랜드(PB) 개발에 힘을 쏟고 있다.

> 백화점과 슈퍼마켓이 고전하는 가운데
> 편의점은 홀로 성장세를 이어가면서
> 마침내 10조 엔 시장을 넘어섰다.

편의점은 그야말로 나 홀로 성장세를 이어가고 있다. 점포 수는 일본 전국에 걸쳐 이미 포화 상태인 5만 점포를 훌쩍 넘어섰지만 각 사의 출점 행보는 멈출 줄 모른다.

일본에 편의점이 들어온 지 40여 년. 편의점은 젊은이 중심의 점포에서 중·고령 세대를 주요 고객으로 하는 원숙한 점포로 탈바꿈하고 있다. 저출산으로 점점 줄어드는 젊은 층이 아니라 앞으로도 계속 늘어날 중·고령층을 핵심 고객으로 확보하겠다는 의지의 표현이다.

도심 한가운데에서 갑자기 아랫배가 싸한 느낌이 뇌로 전달된다. 빨리 이를 처리할 화장실을 찾아야 한다. 급하다. 한시도 긴장을 늦출 수 없다. 이럴 때는 어떻게 해야 할까? 이따금씩 편의점에서 물건을 고르다 보면 헐레벌떡 안으로 뛰어 들어와 직원에게 이런 말을 던지는 사람의 모습을 볼 수 있다.

"화장실 좀 사용할게요."

그렇다. 일본 편의점에는 화장실이 갖춰져 있다. (점포 구조상 없는 경우도 있다.) 전국에 걸쳐 무려 5만 6,227개 점포(2017년 6월 기준)라는 엄청난 수의 편의점이 널려 있으니 그에 비례해 화장실이 존재하는 셈이다. 이전에는 범죄 예방을 이유로 손님들의 화장실 이용을 허락하지 않았으나, 1997년 로손을 시작으로 현재는 모든 편의점이 화장실을 개방하고 있다.

편의점 입장에서도 그리 나쁠 게 없다. 상대에게 폐를 끼치는 것을 누구보다 싫어하는 일본인들이 화장실만 사용하고 매정하게 편의점을 떠날 리 없다. 마음의 빚도 갚을 겸 껌이라도 하나 집어 들고 계산대로 향할 거라는 사실을 편의점은 잘 알고 있다.

Coffee Break

인구가 5년 단위로 급증하는 이유

다음은 인도네시아의 인구 피라미드(2000년)를 나타낸 막대그래프다. 유심히 살펴보면, 뭔가 부자연스럽다는 것을 알 수 있다. 특이점을 발견하지 못했다고? 자, 다시 한 번 양쪽으로 뻗은 그래프를 살펴보라.

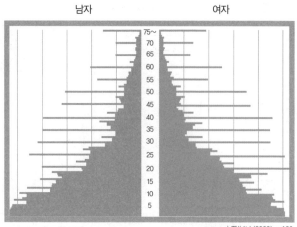

source) 石井光太(2009), p.120

인도네시아의 인구 피라미드 (2000년)

참으로 기이하지 않은가. 5년 단위로 남녀 인구가 급증한다. 이를테면 20세, 25세, 30세, 35세, 40세, 45세, 50세처럼 5년 단위로 구분되는 나이가 지나치게 많고, 31세나 32세, 33세, 34세와 같은 연령대는 매우 적다. 무슨 이유에서 5년마다 비상식적이라고 할 정도로 출생률이 껑충 뛴단 말인가?

귀신의 소행?

유학 시절 한 TV 프로그램에서 접한 등골이 오싹해지는 얘기다. 한 통계에 따르면, 공동묘지 주변 도로에서 유난히 자동차 사고와 그로 인한 사망 사고가 자주 발생한다고 한다. 이 얘기가 사실이라면 정말 소름 돋는 통계가 아닐 수 없다. 대체 왜 그런 일이 벌어지는 걸까?

필자는 강의를 할 때 청중에게 이에 대한 질문을 하곤 한다. 그때마다 이런 답변들이 쏟아진다.

- 심리적으로 두렵고 불안해서
- 삶(죽음)에 대해 골똘히 생각하다가
- 공동묘지에 주목하다 그만 전방 주시를 소홀히 해서
- 그 주변을 재빨리 벗어나기 위해 과속하다가
- 주변 도로가 어둡고 신호등이 제대로 갖추어져 있지 않아서
- 헛것(귀신)이 보여서
- 애당초 사망 사고가 많은 곳 주변에 공동묘지를 만들어서

이 답변들이 사망 사고와 전혀 무관하다고는 할 수 없다. 하지만 공동묘지 주변에서 유난히 자동차 사망 사고가 많은 이유까지 모두 설명해주지는 않는다. 힌트 겸 사진 한 장을 제시한다.

지저귀는 새소리, 졸졸졸 흐르는 물소리, 귓전을 간지럽히는 바람 소리, 상쾌한 공기, 푸르고 울창한 숲⋯⋯. 무엇 하나 부러울 것 없는 수려한 풍광이 사진 속에 펼쳐져 있다.

그런데 문제는 과거에 이런 곳에 살던 사람들이 '결핵'으로 많이 죽었다고 한다. 그 이유를 알게 되면 앞서 제시한 공동묘지 주변 자동차 사망 사고의 원인도 간단히 맞힐 수 있으리라.

"힌트를 준다더니 오히려 더 난해한 문제를 던졌잖아!"라는 독자들의 푸념이 귓전에 맴도는 듯하다. 폐 건강을 위해서는 좋은 공기가 필수다. 과거에는 결핵 치료를 위해 많은 환자가 공기 좋은 시골이나 요양소로 모여들었다.

자, 이제 눈치챘는가.

풍광이 뛰어난 곳에서 사는 사람들 중 결핵으로 사망하는 사람이 많은 이유는

환자들이 많이 모여 살기 때문이다.

결국 환경에서 어떤 나쁜 요인이 발생한 것이 아니라 어디까지나 확률 문제다. 즉 사람이 밀집한, 특히 환자가 많은 곳에서 사망자가 많은 것은 지극히 당연한 이치다.

시속 150km보다 100km가 위험하다고?

공동묘지 주변에서 자동차 사망 사고가 많이 발생한 이유 역시 마찬가지다. 정부가 대부분의 지분을 가지고 운영되는 도로공사와 달리 민간 사업자가 참여한 경우에는 원가 절감에 더욱 민감하다. 즉 도로를 건설했으면 이를 통해 사업자는 돈을 벌어야 한다. 흙 파다 장사하는 게 아니다.

도로를 닦기 전에 우선 길을 낼 수 있는 토지부터 매입해야 한다. 사업자 입장에서는 최대한 저렴한 땅을 지주로부터 매입하는 것이 유리하다. 그래야 남는 장사가된다. 결국 민자 도로를 완공하고 보니 그 도로는 공동묘지와 공동묘지를 잇는 형태가 되어 있었다.

말하자면 기피 시설인 공동묘지 주변 땅이 저렴하다 보니 자연히 사업자는 그곳을 집중적으로 매입하게 되었고, 그 주변에 도로가 건설된 것이다. 그 길을 수많은 차량이 오가게 된다.

많은 차량이 공동묘지 주변을 오가게 되면, 그 주변에서 교통사고가 일어날 확률이 높아진다. 또한 무리하게 공동묘지와 공동묘지를 잇는 길을 만들다 보니 직선보다는 곡선 도로 혹은 경사 도로가 많이 생기고, 평지보다는 외진 곳으로 도로가

생겨 교통사고 확률이 자연스럽게 높아진다. 더불어 교통사고가 많이 발생한다는 것은 한편으로 사망 사고로 이어질 확률도 커진다는 의미다.

150km로 달렸을 때보다 100km로 달렸을 때 사망 사고가 훨씬 더 많다고 한다. 거짓말하지 말라고? 사실이다. 150km로 달릴 때 몸의 긴장도가 높아져 집중도가 높아지는 것도 하나의 원인이 될 수 있으나, 무엇보다 100km로 전후로 운행하는 자동차가 압도적으로 많다는 사실을 잊지 마라.

도로 위를 달리는 자동차가 많으면 사고로 이어지는 자동차의 수도 많을 수밖에. 모두 확률의 문제다.

그렇다면 앞서 제시한 인도네시아의 인구 그래프는 어떻게 된 걸까? 여기에는 인도네시아만의 사연이 숨어 있다. 인구 조사가 인도네시아 전국적으로 이루어질 때 연령을 답변하는 사람이 문제였다. 인도네시아 사람들은 자신의 정확한 나이를 기억하고 있지 않다. (아열대성 기후와 빈곤 등이 원인이라 추측함.) 통계 조사원이 묻는 말에 그냥 두루뭉술하게 답하다 보니 나이가 5세 단위로 몰린 거다.

이를테면, 자신의 정확한 나이를 모르는 상황에서 대략 20여 년 살아 온 것 같으면 "한 25세 정도 되었죠"라고 답하고, 40여 년 정도 살았을 법하면 "한 45세쯤 됐겠죠"라고 답한 결과다.

반면에 앞의 그래프에서 10세 이하에서는 그런 현상이 두드러지지 않는다. 그것은 조사원의 질문에 아이 본인이 아닌 부모가 대답해 비교적 정확한 연령이 파악되었기 때문이다.

chapter 05

1,000년이 넘은 기업

유사 이래 모든 생물(生物)의 가장 간절한 소망은 '무병장수'다.
의학(제약) 기술의 발달과 삶의 질이 높아지면서 수명이 급속도로 늘어나고 있다.
그럼에도 생로병사로부터 자유로운 이는 아무도 없다.
기업 또한 마찬가지다. 모두 생물인 탓이다.

한국과 일본 기업 중
창업한 지 100년이 넘은 기업은 얼마나 될까?

혹은 1,000년이 넘은 기업은?

사훈, 장수 기업을
지탱하는 원동력

문자, 종교, 화약, 나침반, 인쇄술, 바퀴, 등자(鐙子), 종이, 전기, 전구, 화폐, 주식 시장, 내연 기관, 자동차, 비행기, 컴퓨터, 인터넷……

인류 최고의 발명품은 무엇일까?

아인슈타인은 복리(複利)를 꼽았고, 근래에는 3D 프린트라는 대답도 나오고 있다. 분명 100명에게 질문을 하면 100가지의 발명품이 거론될 게다. 누군가 위의 질문을 필자에게 던진다면 필자는 '기업(企業)'이라고 답할 것이다. 오늘날 기업은 위의 발명품 이상으로 현생 인류에게 지대한 공헌을 하고 있기 때문이다. 기업은 개인에게는 역부족인 것들을 조직의 다중 지능을 활용해 사회를 혁신으로 이끌며 우리 삶을 풍요롭게 만들었다. 한 노정객은 정치를 허업(虛業)이라 일갈했지만, 기업은 그 열매가 있어 실업(實業)이다.

기업도 인간처럼 태어나고, 성장하고, 늙고, 죽는 생로병사의 과정을 거친다. 그럼에도 어떤 기업은 생로병사에서 비켜나 사뭇 자유로워 보인다. 바로 몇 백 년을 이어오고 있는 장수 기업들이 그 주인공이다. 일본에는 그런 장수 기업이 많다.

일본의 신용 조사 업체인 데이코쿠(帝國) 데이터뱅크의 조사에 따르면 창업한 지 100년 이상이 된 장수 기업은 모두 2만 6,144개, 200년 이상이 된 기업은 3,000개가 훌쩍 넘는다고 한다.(2013년 8월 기준)

그렇다면 혹시 1,000년이 넘은 기업도 있을까?

세계적으로 1,000년 이상 된 기업은 일본의 곤고구미(金剛組, 578년)를 필두로 6위까지가 모두 일본 기업이다.

그렇다면 산업화 역사가
100년이 채 되지 않는 우리나라는 어떨까?

생로병사에서 자유로워지는 법

"3대를 넘기는 가업이 없다."

이 말이 입증될 만큼 우리나라에는 100년이 넘는 역사를 가진 기업이 거의 없다. 창업보다 수성이 어렵다는 사실을 잘 보여주고 있다. 재벌닷컴에 따르면, 자산 100억 원 이상 상장사와 3만 827개의 비상장사를 대상으로 조사를 한 결과, 창업 100년이 넘은 장수 기업은 두산그룹(1896

년), 동화약품(1897년), 신한은행(1897년), 우리은행(1899년), 몽고식품(1905년), ㈜광장(1911년, 국내 최초 상설 시장 운영), 보진재(1912년, 인쇄출판 업체)로 7개에 불과했다.(2013년 말 기준)

통계청이 발표한 '2013년 기준 기업생멸행정통계' 결과에 따르면, 2007년에 문을 연 우리나라 신생 기업들의 5년간 생존율은 30.9%에 불과했다. 신생 기업의 1년간 생존율은 2008년 61.8%에서 2012년에는 59.2%로 떨어졌다.

그렇다면 일본에
유독 장수 기업이 많은 이유는 뭘까?

어찌 보면 필연인 듯도 하다. 일본은 식민지와 오랜 내전 등으로 사람이나 산업이 치명적인 상태로까지 몰린 적이 없다. 실제로 4면이 바다로 둘러싸여 있어 태평양전쟁 말기의 오키나와와 북방 영토를 제외하면 다른 나라로부터 본토가 무력 점령을 당한 적이 없다는 점, 장기적인 대규모 내전이 없었다는 점을 들 수 있다.

기업이 장수하는 데에는 정형화된 공식이 없다는 게 일반적인 견해다. 그럼에도 장수 기업에는 자신들이 추구해야 할 이념과 사회적 존재 이유, 경영자와 종업원들이 준수해야 할 행동 규범 등이 사시(社是), 사훈(社訓) 등의 형태로 명문화되어 내려온다는 점에 주목할 필요가 있다.

사시나 사훈의 본질은 대체 뭘까?
가문이나 기업의 지상 과제라면
그건 바로 생존이다.

해당 가문의 영속성과 자손의 번영, 번창을 바라며 선조의 경험을 통해 얻은 믿음을 후대에 구체적으로 남긴 게 사시와 사훈이다. 한마디로 창업주가 100년이고, 200년이고, 생존할 수 없으니 자신의 경험을 사시나 사훈이라는 묵직한 형태로 자손에게 전달하고자 한 것이다.

2008년, 데이코쿠 데이터뱅크가 메이지 말기 이전에 창업한 시니세(老鋪, 대대로 이어져 내려오는 가게) 기업 4,000사를 대상으로 실시한 조사에 따르면 '가훈, 사훈, 사시, 경영 이념, 신념'을 가지고 있는 기업은 77.6%로, 그 역할은 '공통 가치관의 양성', '기본적인 경영 지침', '정신적 지주' 등을 들고 있다.

이런 사시와 사훈은 급변하는 환경 속에서도 기업의 생존을 담보하는 원동력이 되고 있다는 응답이 70%에 달했다. 이처럼 사시와 사훈에는 해당 기업이 살아가는 철학과 생존 비법이 응축돼 있다. 이를 정리하면 다섯 가지 공통 키워드가 발견된다고 한다.

감사, 근면, 궁리, 검약, 공헌

사시와 사훈의 비밀

사원(신사)이나 사찰의 설계·시공, 성곽과 문화재의 복원 및 수리 등을 주업으로 하는 건설 회사 곤고구미. 이 회사의 사훈에는 어떤 메시지가 담겨 있기에 오늘날 세계 최고(最古)의 장수 기업이 됐을까?

서기 578년, 일본 황실의 쇼토쿠태자(聖德太子)가 '시텐노지(四天王寺, 593년)' 창건을 위해 백제에서 3명의 장인인 금강(金剛), 조수(早水), 영로(永路)를 초빙했는데, 바로 이들이 곤고구미를 창업했다. 참고로 시텐노지는 현존하는 일본 최고(最古)의 절로 알려져 있다.

일찍이 백제에서 건너온 세 장인 중 금강은 일본으로 귀화했다. 2005년까지는 곤고(金剛) 일족이 경영해왔으나 같은 해 11월부터는 다카마츠(高松) 건설의 자회사가 됨으로써 1429년을 이어온 곤고 일족에 의한 경영 체제는 사실상 막을 내렸다.

곤고구미의 32대 당주인 곤고기조(金剛喜定)가 유언서(職家心得之事)로 남긴 것이 현재의 사훈으로 내려오고 있다. 사실 이는 곤고구미에 오랫동안 전해 내려온 것을 32대 당주가 새로운 문장으로 재정리한 거다. 그중 오늘날에도 유효한 몇 가지만 언급해보았다.

- 독서와 주판을 익혀라. (끊임없이 지식을 쌓고 업무 기술을 향상시켜라.)
- 음주에 주의하라.
- 신분 이상의 화려한 복장을 하지 마라.
- 사람을 공경하고 말을 온화하게 하며 말을 많이 하지 마라.
- 아랫사람에게도 정을 베풀고 온화한 말로 대하라.
- 어떤 경우에도 타인과 싸우지 마라.
- 사람을 경시하거나 위세를 부리지 마라.
- 사람을 차별하지 말고 정중하게 대하라.
- 거래처(고객)에 사심을 갖지 말고 정직하게 대하라.
- 입찰 시에는 정직한 견적서를 제출하라.
- 스스로 판단할 수 없을 때는 친척들과 논의한 후 신중히 결정하라.

1,400년이라는 곤고구미의 유구한 역사에는 그만한 생존 비결이 있

었다. 오늘을 살아가는 이들의 지침서로도 전혀 손색이 없다.

평일에는 아침 7시부터 밤 10시까지 일하고, 토요일과 일요일에는 회의나 강연 등의 일정에 쫓기고, 설날 오전과 수면 시간, 식사 시간, 목욕 시간 외에는 1년 365일 일하면서 아직 일을 더 해야 하고 일이 재미있어 죽겠다고 말하는 경영자가 있다. 주인공은 바로 니혼덴산(日本電産)의 창업주 겸 사장인 나가모리 시게노부(永守重信)다.

그는 이런 흥미로운 말을 했다.

"아래에서 올라오는 농약을 흡입해가며
자그마한 구멍에 작은 공이나 넣고
기뻐하고 있어서는 경영자가 될 수 없다."

한마디로 재미있는 일을 할 시간도 부족한데 골프나 치며 노닥거릴 시간은 더욱 없다는 뜻이다. 창업주의 강력한 드라이브 덕분인지 1973년에 창업한 이 회사는 현재 정밀 소형 모터의 개발 및 제조에서 세계 최고의 점유율을 유지하고 있으며, 매출액(2014. 3)은 무려 8,751억 1,000만 엔(약 8조 7,000억 원)에 달한다.

이런 니혼덴산에는 '3대 정신'이라는 것이 존재한다.

- 정열, 열의, 집념
- 지적(知的) 하드워킹
- 당장 한다, 반드시 한다, 될 때까지 한다.

그 어떤 미사여구의 사시나 사훈보다 절제된 3대 정신은 니혼덴산 구성원이 나아갈 방향을 정확하게 보여준다.

세계 최대의 광고 회사이자 창업(1901년) 115년을 맞은 '덴츠(電通)'에도 구성원들을 결집시키는 사훈이 존재한다. '정신 10원칙(鬼十則)'이라 불리는 것인데, 그 내용은 이렇다.

- 일은 스스로 창조하는 것이지 주어지는 것이 아니다.
- 일이란 남보다 앞서가는 것이지 수동적으로 하는 것이 아니다.
- 큰일을 해야 한다. 작은 일은 자신을 작게 만든다.
- 어려운 일을 목표로 하라. 그리고 그것을 이룩함으로써 진보한다.
- 일을 시작했으면 목적을 완수할 때까지 죽어도 놓아서는 안 된다.
- 주위 사람들을 이끌어라. 이끄는 것과 이끌려가는 것은 하늘과 땅 차이다.
- 계획을 세워라. 장기 계획을 세우면 인내와 지혜 그리고 올바른 노력과 희망이 생긴다.
- 자신감을 가져라. 자신감이 없으면 일에 대한 박력도, 끈기도, 깊이도 없다.
- 머리는 항상 깨어 있어 사방을 주시하고 한 치의 틈도 허용해서는 안 된다. 서비스란 원래 그런 것이다.
- 마찰을 두려워하지 마라. 마찰은 진보의 어머니, 적극성의 비료다. 그렇지 않으면 비굴하고 미련한 인간이 된다.

덴츠의 '정신 10원칙'은 4대 사장인 요시다 히데오(吉田秀雄)가 내건 것인데, 이는 이 기업에 몸담고 있는 직원의 행동 규범이자 모든 업무의 출발점이 되고 있다.

다음은 일본 최고이자 세계 최고의 자동차 생산 대수를 자랑하는 도요타 자동차의 경영 이념인 '도요다 강령(豊田綱領)'이다.

- 상하 일치, 지성으로 업무에 임하고, 산업보국의 열매를 거둬라.
- 연구와 창조에 심혈을 기울이고, 항상 시대를 앞서가라.
- 화려함과 아름다움을 경계하고, 절박하고 꾸밈이 없으며 강건하라.
- 온정과 우애의 정신을 발휘하고, 가정적 분위기를 일으켜 세워라.
- 신불(神佛)을 숭배하고 보은과 감사의 생활을 하라.

이는 도요타 그룹의 창업자인 도요다 사키치(豊田佐吉)의 생각을 정리한 것으로, 이후 임직원의 행동 방침이 되었다. 오늘날에도 '도요타 기본 이념'에 그 정신이 녹아 면면이 계승되고 있다.

자식 사랑에 눈멀지 마라

일본의 장수 기업은 곤고구미처럼 중소 규모에다 가족 경영 형태를 가진다는 게 큰 특징이다. 가족 경영의 강점이라면, 자신의 재산을 투자해 만든 기업의 오너 경영자는 샐러리맨 경영자보다 어떤 일의 결정에 더 많이 생각하고 고민한다는 것, 결정된 사안을 훨씬 신속하게 추진한다는 것이다. 이들에게 실적이란 정기적으로 다가오는 '분기(分期)' 기준이 아닌 대를 이어나갈 '세대(世代)' 기준이다.

기업에게 변화란, 성장과 역동성 나아가 영속성을 의미한다. 그런 측면에서 일본의 장수 기업들은 변화를 두려워하지 않았다. 장수 기업에는 '보수'와 '혁신'이라는 상반된 요소를 항상 혼재케 하면서도 이를 균형과 조화로 잘 풀어냈다.

이것이야말로 장수 기업이 장수 기업으로서의 영속성을 유지하는 소중한 비결이 아닐까.

장수 기업은 경영권을 물려줄 때 장자 계승이라는 원칙을 세워 기업들이 분리되지 않았다. 이를 통해 기업을 자손에게 대물림하는 과정에서 반목과 불화의 소지를 없앴으며 가족 간 화합과 신뢰를 첫 번째 덕목으로 삼아왔다. 가족 경영의 경우 오너가 풀어야 할 최대 과제라면 역시 후계자 문제다. 다행히도 많은 장수 기업에서는 후계자 문제를 세 가지 실천을 통해 말끔히 정리했다.

첫째, 장남에게 얽매이지 않았다

장수 기업의 창업주는 무조건 장남에게 회사를 물려주지 않았다. 장남의 능력이 출중하다면 금상첨화겠으나 그렇지 못하다면 외부에서 총명한 양자를 들여 가업을 잇도록 했다. 에도 시대의 상도(商道)와 실천적 윤리 사상을 주창한 사상가인 '이시다 바이간(石田梅岩)'은 다음의 문답을 남겼다.

"실부(實父)가 양부(養父)를 살해하는 일이 발생했다면 어떻게 할 것인가?"
"실부의 목을 베어 양부의 원수를 갚는다!"

양자로 들어가 가업을 잇는 후계자의 위상과 그 무게를 실감케 하는 문답이다.

둘째, 혈육 간의 다툼을 피했다

일단 후계자가 정해지면 다른 형제는 일체 회사 경영에 간여하지 못하도록 했다. 또 장남일지라도 경영 능력이 떨어지면 동생에게 가업을 넘기고 한 발짝 뒤로 물러섰다. 단순히 장남이란 이유만으로 경영권을 이어받는다면 기업의 존재 의의인 영속 기업은 불가능해진다.

셋째, 후계자를 호되게 단련시켰다

세상의 온갖 풍파를 모른 채 자란 자식에게 곧바로 경영을 맡기지 않았다. 외부로 내보내 밑바닥에서부터 엄격한 경험과 다양한 지식을 쌓도록 했다. 우리는 자수성가한 창업주와 달리 초고속 승진을 거듭해온 함량 미달 3세, 4세가 독단과 안하무인으로 사회적 물의를 일으키는 사례를 많이 봐왔다. 그런 소동에는 능력보다 혈연을 중시한 폐단이 더 두드러졌다.

우리나라 30대 그룹을 살펴본 결과, 3세의 입사부터 임원 선임까지 걸린 시일은 평균적으로 3년이 조금 넘는다고 한다. 20대 후반에 낙하산을 타고 내려와 혹독한 훈육과 쓰라린 경험 없이 30대 초반에 임원이 되는 셈이다. 심지어 곧장 임원으로 입사하는 경우도 있다. 이런 상황에서 전문 경영인이 어떻게 발을 붙이고, 직원들이 어떻게 주인 의식을 갖겠는가.

계층 고착화는 단순히 일개 기업의 문제에 그치는 것이 아니라 국가의 망조(亡兆)다. 부가적으로 자동차 회사 도요타의 경우, 2~3세가 CEO의 자리에 오르는 데 걸린 시일은 입사 후 평균 31년, 전문 경영인은 35.8년으로 큰 차이가 없었다.

기업 수명이 날로 단축되고 있는 오늘날,
100년 기업은 결코 녹록한 게 아니다.

생사의 기로에서
100년, 500년, 1,000년 기업의
생존 비결을 찾고 배워야 한다.

chapter 06

무엇이
생사의 분기점이
된 걸까

현재 시장에서 자취를 감춘 필름 카메라!

필름은 한때 전 세계에서
오직 4개 회사(미국의 코닥, 독일의 아그파, 일본의 후지필름과 코니카)만
생산할 수 있는 첨단 제품이었다.
우리나라는 끼지도 못했다.
특히 코닥은 1970년대 미국 필름 시장의 90%, 카메라 시장의 85%를 차지할 만큼
압도적인 시장 지배력을 소유하고 있었다.
100억 달러의 매출을 기록할 정도로 코닥의 위상은 실로 대단했다.
하지만 디지털카메라가 시장의 주류를 이루면서 철퇴를 맞았다.

코닥은 죽었다.
그런 와중에도 후지필름은 살아남았다.

과연 무엇이 둘의 생사를 가른 것일까?

후지는 성장하고
코닥은 몰락한 이유

코닥은 카메라 필름의 대명사였다. 1880년에 설립된 코닥은 1세기 넘게 사진과 영화의 다른 이름으로 불리며 철옹성 필름 제국을 이끌어 왔다. 1970~80년대 코닥은 미국 필름 시장에서 누구도 넘볼 수 없는 엄청난 지배력을 가지고 있었다. 1990년에도 코닥은 후지필름의 1.5배나 되는 매출액을 자랑했다.

하지만 10년 뒤, 두 회사의 매출액은 거의 같아졌지만 이후 코닥의 매출액은 필름 수요의 감소와 함께 급속히 줄어들었다. 반면, 2000년 이후 후지필름의 매출액은 2배로 늘었다.

2012년 1월, 코닥은 마침내 파산했다. 130년이라는 장구한 역사와 영화가 일장춘몽이 되는 순간이었다. 반면 후지필름은 여전히 승승장구를 이어갔다. 기구하게도 '필름'이라는 동일한 핵심 사업을 두고서 정반대의 운명을 걷게 됐다.

대체 어떤 요인이 두 회사의 운명을
이리도 잔인하게 갈라놓은 걸까?

자승자박(自繩自縛)

"자본가는 자신의 목을 매는 밧줄을 판매하고 있다."

일찍이 레닌은 자본가들은 종종 자신의 사업을 파괴하는 기술을 발명한다고 빈정댔다. 그의 말처럼 적은 외부에 있는 게 아니라 내부에 존재한다.

코닥이 좋은 사례다. 코닥은 1975년에 경쟁사에 한발 앞서 세계 최초로 디지털카메라를 개발했다. 레닌의 지적처럼 디지털카메라는 코닥의 주력 사업이었던 필름과 카메라 사업을 결국 빈사 상태로 몰아갔다.

코닥은 1990년대 중반에 들어서 디지털 영상 그룹으로 거듭나려는 전략을 구사했으나, 필름을 기반으로 디지털 부문에 발만 살짝 담그는 전략으로 일관했다. 그러는 동안 2005년까지 필름 시장 점유율 1위라는 명예는 지켜냈다. 하지만 이미 디지털카메라가 대중화된 상황에서 필름에 주력해온 코닥의 성장은 한계를 드러냈다.

위기감을 느낀 코닥은 1994년에 디지털 시장에 진출했다. 결과는 어땠을까? 훨씬 일찍부터 디지털 시대 도래에 착실히 대비한 소니와 후지필름, 캐논, 니콘 등의 일본 기업에 밀려 노력은 무위로 돌아갔다. 필름 시장의 한계에 대비해 디지털 회사로 변화해야 한다는 것을 알았지만,

필름이라는 눈앞의 수익에 안주하다
정신을 차려보니
이미 디지털 시대의 낙오자가 되어 있었다.

잘나가는 전통의 명문 기업이 새로운 기술로 인해 한순간에 시장에서 밀려나는 경우가 있는데, 이를 '이노베이터의 딜레마(Innovator's Dilemma)'라 부른다. 그 배경에는 선두 기업이 누려온 과거의 성공 체험이 오히려 부정적 가치를 유발해 후발 기업에게 발목 잡히는 이른바 덫(success trap)으로 돌변한다는 거다.

안타깝게도 코닥은 세상의 변화를 미리 감지(디지털카메라 개발)했지만, 성공에만 도취되어 고스란히 과거를 답습하다 쇠퇴하고 말았다. 대중에게는 화려한 비단 멍석을 깔아주는 선의를 베풀었으면서도 정작 자신은 앉을 자리조차 확보하지 못한 채 축축한 맨땅으로 내동댕이쳐진 초라한 신세가 되고 만 것이다.

반면 똑같은 필름을 생산하던 경쟁사 후지필름은 필름에서 화장품, 헬스 케어 및 의료 비즈니스로 핵심 사업을 전환해 다시 기업을 성장 궤도에 올려놓았다. 1934년부터 카메라용 필름을 만들어온 후지필름에게 필름 사업을 접는 것은 현대자동차가 더 이상 자동차를 만들지 않겠다고 말하는 것과 마찬가지다. 하지만 후지필름은 2000년 초부터 본업이자 주력이었던 필름 사업을 과감히 정리했다. 그러면서 도출시킨 대안이 필름 제조로 축적한 기술을 다른 사업에 응용하는 것이었다.

그동안 쌓아온 정밀 기술을 무기로 디지털카메라용 렌즈를 개발해 현재 세계 시장 점유율은 50%에 이른다. 또 필름에서 축적한 기술을 화장품과 의약품 등 다른 사업에 응용했다. 그 결과, 매출액은 2013년에 2조 4,400억 엔(영업 이익 1,400억 엔)으로, 필름 시장이 절정에 달했던 2000년 1조 4,400억 엔(영업 이익 1,490억 엔)을 크게 능가하고 있다.

특히 주목해야 할 대목은 화장품 분야라는 전혀 생소한 분야에 새로운 핵심 사업을 구축한 점이다. 사진 기술은 화장품 분야 기술과 매우 친화성이 높다고 한다.

기술적 시너지 효과가 크게 발휘될 수 있는
행운의 영역이었던 셈이다.

일본식 경영 vs. 미국식 경영

코닥의 붕괴를 이노베이터의 딜레마에서 찾거나 후지필름의 생존을 궤도 수정을 통한 기술적 시너지 효과에서만 찾고자 한 것이 그동안의 분위기였다. 하지만 여기에는 여러 이견도 존재한다.

코난 대학의 카고노 타다오(加護野忠男) 교수는 코닥이 후지필름처럼 사업 다각화에 적극적이지 않은 것에는 그 나름의 이유가 있다고 밝혔다. 과연 그 이유는 뭘까? 기업의 다각화에 대한 미국 투자자의 부정적인 태도가 바로 그것이다. 미국의 투자자들은 사업 다각화를 통해 투자 효율이 개선될 여지가 적고, 다각화할 바에는 차라리 그 돈을 투자자에게 환원해야 한다고 생각한다. 또한 기업에는 잉여 현금이 없어야 하고, 사업은 핵심에 집중화해야 한다는 생각이 보편적이다. 이러한 투자자의 의향을 소중히 생각한 코닥은 사업 다각화에 신중할 수밖에 없었다.

그런 측면에서 코닥의 경영이 단순히 실패했다고 결론지을 수는 없다. 이익이 났을 경우에는 그것을 투자자에게 배분하고, 그렇지 못한 경우에는 신속하게 시장에서 퇴장해야 한다는 미국 투자자의 기대에 따른 의사 결정이 이루어졌을 뿐이다.

한국이나 일본 경영자에게 기업 도산은 심각한 실패이지만, 미국에서는 한국과 일본만큼 파산을 심각한 문제로 받아들이지 않는다. 존재 의의가 사라진 기업을 존속시키려는 행위는 부질없는 노력일 뿐, 그 노력은 처음부터 기업을 새로 세우거나 잘나가는 기업이 활용해야 한다는 것이다. 그런 선택이 노력 대비 효과가 크기 때문이다.

기업 내부의 기술도 마찬가지다. 쇠퇴하는 기업이 관련 분야에서 기술적 응용을 검토하기보다는 그것을 사회에 환원함으로써 더 높은 수익의 기회를 찾아야 한다고 생각한다.

세계적인 경영 컨설턴트인 오마에 겐이치(大前研一)도 유사한 의견을 제시했다. 그는 코닥과 후지필름의 운명을 가른 유일하면서도 가장 큰 차이점은 '배당 방침'이라고 지적했다. 일본 기업은 배당이 적다는 이유로 외국인 투자자로부터 종종 비난을 받는다. 하지만 그런 결정이 이번에는 후지필름을 긍정적인 방향으로 이끄는 계기가 되었다.

카메라 필름의 쇠퇴로 관련 기업들이 치명적인 상황을 맞았을 무렵, 후지필름은 무려 2조 엔에 달하는 풍부한 현금을 보유하고 있었다. 그로 인해 후지제록스 주식을 더 보유할 수 있었고, 후지화학을 인수하는 등 전략적 투자가 가능했다. 만약 미국처럼 주주에게 배당을 했다면, 2조 엔의 현금이 남아 있을 리 만무했다.

　돈이 필요하다면 은행에서 빌리거나 시장에서 조달하면 되기에 배당 이익을 높이는 데 적극적이어야 하는 게 미국식 사고방식이다. 이런 논리가 지배하는 상황에서 코닥에게는 가진 현금이 없었고, 새로운 사업에 눈을 돌리기 위한 자금 확보를 위해서는 원가 절감 외에 달리 뾰족한 방법이 없었다. 하지만 쇠락해 가는 사업에서 원가 절감은 큰 의미를 갖지 못한다.

　코닥과 후지필름의 명암을 가른 배경은 양국 문화에 기반을 둔 미국과 일본 주주(株主)의 사고방식 차이라는 것이 카고노 타다오와 오마에 겐이치의 결론이다.

'디지털화 결단이 후지필름은 가능했는데, 왜 코닥은 불가능했을까?'

이런 의문에 츄오 대학의 타케우치 켄(竹内健) 교수는 상당히 이색적인 주장을 펼쳤다. 디지털카메라가 시장에 등장하던 시절을 되짚어보면, 전 세계 전자 업계를 둘러싼 디지털화의 중심은 일본이었다. 도시바는 플로피디스크와 필름을 대체할 목적으로 플래시메모리를 전 세계에서 한발 앞서 개발했다. 플래시 메모리 외에도 카메라의 디지털화를 추진하는 전자 부품으로 액정디스플레이(LCD)와 CCD 등도 일본 기업이 개발했다.

전자 부품뿐 아니라 카메라 업계에도 큰 움직임이 있었다. 당시 카메라 업계는 니콘이나 캐논과 같은 기업이 거의 과점 상태였다.

디지털화는 기술의 큰 전환점이었다.

기업들에게는 카메라 시장에 신규로 진출할 수 있는 절호의 기회였다. 카메라의 디지털화를 추진한 것은 올림푸스와 같은 카메라 제조사도 있었지만, 오히려 카시오나 소니 등 그때까지 카메라 사업에 발을 담그지 않았던 기업이 적극적이었다. 마침내 1994년에 카시오가 세계 최초로 상용 디지털카메라 QV-10을 발표했다. 그때까지 텔레비전 방송용 등 전문가용 디지털카메라는 있었으나 높은 가격 탓에 대중 속으로 파고들지는 못했다. 그랬던 게 플래시메모리, LCD, CCD와 같은 전자 부품의 고성능화, 저가격화로 인해 일반 소비자도 쉽게 손을 내밀 수 있는 디지털카메라가 탄생했다.

이처럼 카메라 업계에서는 니콘이나 캐논과 같은 기존 세력도, 디지털화로 카메라 시장에 신규 진출을 노리는 곳도, 나아가 디지털화의 핵심인 전자 부품을 개발하는 곳도 모두 일본 기업이었다. 일본을 무대로 기존 세력과 신진 세력의 공방이 치열하게 펼쳐지고 있었다.

반면, 코닥의 본거지는 미국이었다. 게다가 캐나다와 가까운 뉴욕주 북서부의 로체스터에 위치해 있었다. 디지털화의 중심인 일본과 지리적으로 멀었기 때문에 디지털화의 공세를 피부로 느끼는 데 한계가 있었다. 적어도 실리콘밸리 등 미국의 서해안에 존재했다면 코닥의 역사는 바뀌었을지도 모른다.

물론 코닥도 기존의 카메라 업체인 니콘이나 캐논 등과 빈번한 교류를 했을 게다. 다만, 기존 시장의 플레이어와 대화를 하더라도 새로운 시장에 대한 이해력이 부족할 수 있다.

1990년대 일본에서 디지털카메라가 탄생한 배경에는 고객과 거래처 등 공식적인 관계만이 아니라 지인이나 친구 등 비공식적인 정보도 한몫했다. 즉 다양한 분야의 인적 교류를 통해 전자 기술 동향의 힌트를 얻었던 것이 주효했다.

후지필름은 분명 디지털카메라에 적극적인 기업 가운데 하나였으나, 당시 일본 전자 업계에 몰아친 디지털화의 큰 물결이 후지필름의 디지털화에 불을 붙였다는 게 타케우치 교수의 주장이다.

다시 말해, 경쟁자로 넘쳐나는 큰물에서 놀아야
혁신으로 나아갈 동력과 방향성을
제때 정확히 읽을 수 있다는 뜻이다.

여기에 더해 후지필름 경영진의 재빠른 대응도 주효했지만, 디지털화로 나아갈 수밖에 없도록 만든 당시 일본 시장의 경쟁 환경은 후지필름에게 큰 축복이었다.

결론적으로 미국과 일본의 사고방식 차이가 코닥과 후지필름의 명암에 영향을 끼쳤음은 부정할 수 없는 사실이다. 당시 전자 업계에 몰아친 디지털화의 큰 물결에 휘말려 있던 후지필름과 달리 거기에서 한 발짝 뒤로 물러나 있던 코닥! 그런 두 회사의 입장 차이도 생사를 가른 경계가 되었다.

이런 말이 있지 않은가.

'알고도 당한다.'

코닥의 입장이 딱 그렇지 않았을까. 시장에는 늘 낙관론과 비관론이 교차한다. CEO가 그런 현실을 얼마나 직시하느냐 하는 점도 생사의 관건이라 할 수 있다.

chapter 07 ➡️　　➡️　➤　　　➡️

누가 가장
오래 살았을까

꾀꼬리 한 마리가 있었다.
그런데 이 녀석이 도무지 노래를 부를 생각을 하지 않았다.
이를 지켜보던 3명의 장군은 이런 반응을 보였다.

장군 A: 당장 목을 쳐라!

장군 B: 어떻게 해서든 노래를 부르게 만들어라!

장군 C: 노래를 부를 때까지 기다리마!

장군 A, B, C 중 가장 오래 산 사람은 누구였을까?

꾀꼬리가 노래할 때까지
기다린 사연

일본 전국(戰國) 시대를 호령한 3명의 장군이 있었다. 주인공은 바로 오다 노부나가(織田信長), 도요토미 히데요시(豊臣秀吉), 도쿠가와 이에 야스(德川家康)다. 짧든 길든 일본에 머문다면 반드시 한 번쯤은 접하게 되는 인물들이다. 어째 좀 뜸하다 싶으면 각종 책이나 잡지, TV 드라마, 연극 등의 주인공으로 끊임없이 재포장되어 등장한다. 최근에는 소재가 고갈돼가는지 이들을 도와 통일천하를 도모한 수하 장수나 사랑했던 여인네들의 이야기까지 다뤄지고 있다.

이들은 우리나라에도 제법 알려진 인물로, 일본인들의 처세와 경영의 멘토라고 할 수 있다. 우연인지 필연인지 모르겠지만 기묘하게도 이들은 같은 시대를 살았다. 또한 서로 바톤을 주고받으며 천하의 주인 자리에까지 올랐다.

하지만 이들의 성향과 발상,
그로 인한 삶은 극명하게 갈렸다.

이기는 것만 알면 해가 미친다

이 세 사람에 대한 일본인들의 평가는 대체로 이렇다.

노부나가는 쌀을 구해다가 방아를 쿵덕쿵덕 열심히 찧었고,
히데요시는 그것을 물과 적절히 반죽해 먹음직스럽게 구워냈으며,
이에야스는 큰 힘을 들이지 않고 가만히 앉아 천하라는 떡을 꿀꺽 삼켰다.

이들의 인생관을 적나라하게 엿볼 수 있는 재미있는 에피소드가 전해
온다. 에도 시대 말기의 다이묘(大名, 지방 호족)였던 마츠라 세이잔(松浦
靜山)이 퇴역한 후에 수많은 문인과 교류하며 발간한 수필집《카츠시야
화(甲子夜話)》에 소개된 내용이다.

누군가가 꾀꼬리를 선물로 보내왔다. 그런데 문제가 생겼다. 꾀꼬리는
노래할 생각을 하지 않았다. 이에 세 사람은 이런 반응을 보였다.

노부나가 | 노래하지 않는 꾀꼬리는 죽여버려야 한다.
히데요시 | 노래하지 않는 꾀꼬리는 노래하게 만들어야 한다.
이에야스 | 노래하지 않는 꾀꼬리는 노래할 때까지 기다려주어야 한다.

노래하지 않는 꾀꼬리를 바라보는 생각 하나만으로도 세 사람의 본성
을 충분히 꿰뚫어볼 수 있다. 먼저 노부나가는 판단이 매우 딱 부러져 철

저하고 냉혹하다는 평가를 받고 있다. 그런 성향 때문에 노부나가의 조직 안에는 'Yes or No'식의 흑백론이나 '까라면 까!'식의 일방적 분위기가 팽배했을 가능성이 크다.

노부나가의 뒤를 이어 천하의 주인 자리에 오른 히데요시는 갖은 술책을 동원해서라도 반드시 자신의 의도대로 모든 것을 추진하려는 권모술수형 리더의 전형적 타입이다. 히데요시의 이런 성향 때문에 '안 되면 무슨 수를 써서라도 되게 하라!'라는 극단주의적 사고가 조직에 난무했을 가능성이 크다.

마지막으로 최후의 승자가 된 이에야스는 어땠을까. 상황이 무르익을 때까지 기다리거나 인내하기에는 세상이 너무 빨리 바뀐다. 감이 떨어질 때까지 입 벌리고 누워 있다가는 얼어 죽을지도 모른다. 그럼에도 불구하고 이에야스는 늘 인내심을 가지고 모든 일을 신중하게 처리했다. 당시 "돌격 앞으로"만 외쳤다면, 혼란한 전국 시대를 평정하고 일본의 르네상스로 평가받는 에도 시대를 여는 주인공이 되지 못했을 게다.

잊지 마라.
삶에는 지루한 시간을
버텨야 하는 상황도 무수히 존재한다.

이에야스는 후손들에게 의미심장한 유훈을 남겼다.

도쿠가와 이에야스

"사람의 일생은 무거운 짐을 지고 먼 길을 가는 것과 같다. 서두르지 말지어다. 부자유를 일상사로 생각하면 그리 부족한 것은 없는 법. 마음에 욕망이 솟거든 곤궁했을 때를 생각할지어다. 참고 견딤은 무사장구(無事長久)의 근원이요, 노여움은 적이라 생각하라. 이기는 것만을 알고 지는 일을 모르면 해(害)가 그 몸에 미친다. 자신을 책하고 남을 책하지 말라. 미치지 못하는 것이 지나친 것보다는 나으니."

어린 시절부터 10여 년에 달하는 위태로운 인질 생활을 통해 체득한 '인내(忍耐)'라는 삶의 지혜와 절묘하게 닮은 유언이 아닐 수 없다. 첫머리에 등장하는 그림에는 깊은 사연이 담겨 있다. 다케다(武田)군과의 싸

움에서 패해 겨우 목숨만 건지고 돌아온 이에야스는 초상화를 남겼다. 적에 쫓겨 죽을지 모른다는 공포감에 그만 말 위에서 똥을 싸 버린 자신의 모습이었다. 그런 추한 자신의 모습을 보면서 수시로 경솔함을 경계했다고 한다.

세 사람 중 어느 한 사람의 일방적인 전략이 아니라, 세 사람의 역량을 잘 조합해 시의적절하게 운용할 때 비로소 꾀꼬리의 아름다운 노래를 들을 수 있지 않을까?

이를테면, 때로는 앞뒤 가리지 않고 태산처럼 밀고 나가는 추진력을, 때로는 다양한 전략적 대안을 통해 적극적인 사고와 행동력을, 때로는 신중하면서도 강한 인내심을 최대의 무기로 활용하는 유연한 전략이 필요하다.

A도 B도 아닌, C안

앞서 꾀꼬리는 반드시 노래한다는 것을 전제로 논의가 이어졌다. 이른바 '노래하거나 죽거나(Cry or Die)'라는 명백한 이분법이다. 여기에 또 다른 발상으로 꾀꼬리 문제를 접근한 사람이 있었다.

"노래하지 않는다 해도 그 또한 좋은 꾀꼬리."

파나소닉(Panasonic)을 세운 마쓰시타 고노스케(松下幸之助)가 바로 주인공이다. 그의 발상은 유대인 교육 방식의 하나인 '행동 방침이 두 가지 있다면 항상 세 번째 방침을 따르라'라는 주장을 떠오르게 한다. 즉 노래하지 않는 꾀꼬리 역시 그 나름으로 존재 의의와 매력이 있다고 생각한 거다. 노래를 통해 무장들의 거친 마음을 달래는 꾀꼬리가 있을 수도 있지만 그렇지 않은 꾀꼬리가 있을 수도 있다. 귀여운 날갯짓과 몸을 감싼 예쁜 깃털로 보는 이의 눈을 즐겁게 하는 꾀꼬리 또한 존재 가치가 있는 건 아닐까.

이처럼 고노스케가 경영의 신으로까지 칭송받는 데에는 그 나름의 이유가 있었다. 꾀꼬리를 바라보는 고노스케의 창의적 시각과 발상, 제도권을 벗어난 특유의 사고에 박수를 보낸다.

바람이 없다고
연 날리기를 포기해서는 안 된다.

자, 이제 당신 차례다. 노래하지 않는 꾀꼬리를 두고 당신은 뭐라 말할 건가?

이제 앞서 던진 질문에 대한 답변을 하겠다. 과연 세 사람 중에 가장 오래 산 사람은 누굴까?

- 오다 노부나가: 49세(1534~1582년)
- 도요토미 히데요시: 62세(1537~1598년)

• 도쿠가와 이에야스: 75세(1542~1616년)

전국 시대 당시 일본인의 평균 수명이 40세 정도였다고 하는데, 세 사
람은 그보다는 훨씬 오래 살았다. 다만 혼노지(本能寺)에 머물다 자기 오
른팔의 습격을 받은 노부나가는 할복자살을 함으로써 천수를 누리지 못
했다. 그 뒤를 이은 히데요시는 병들어 죽어가면서도 어린 자식의 앞날
이 걱정되어 제대로 눈을 감지 못했다.

마지막으로 천하의 주인 자리를 넘겨받은 이에야스는 일본의 르네상
스를 열며 무려 75세까지 살았다. 이에야스는 죽은 뒤에 도쇼다이곤겐
(東照大權現), 신쿤(神君), 곤겐사마(權現樣) 등으로 불리며 신격화되고,
급기야 신앙의 대상이 되는 호사(?)를 누렸다.

chapter 08

그들이
죽음의 비행에
오른 이유

때는 1945년 4월 12일!
미군 함대를 향해 돌진할 가미카제(神風) 특공대원을 실은 전투기가
일본 본토 최남단의 한 기지를 막 출발한다.
이륙하는 순간 살아서는 절대 땅을 밟지 못하는 죽음의 비행이 시작된다.
여고생들이 꽃을 흔들며 이들의 마지막 길을 배웅하고 있다.
다음 물음에 답하라.

"○○○이 없었다면, 태평양전쟁은 일어나지 않았다."

○○○에 들어갈 말은 뭘까?

일본의 운명과도 같았던
제로센의 운명

우수한 전투기의 기준은 뭘까? 일반적으로 우수한 전투기란 상대보다 속력과 기동력, 무장 등의 측면에서 뛰어난 전투기를 가리킨다. 특히 현대전에서는 레이더를 피할 수 있는 우수한 스텔스 성능이 중요하다. 그런데 필연적이게도 이 세 가지 조건은 서로 상반된 성질을 가진다. 속력을 높이기 위해서는 날개 면적을 작게 만들어야 한다. 그러면 날개가 받는 하중이 높아지면서 기동력이 저하된다. 또한 무장 수준을 높이게 되면 기체 중량이 늘어 자연스럽게 속력이 떨어진다.

무릇 상반된 성질, 즉 모순(矛盾)을 극복할 때 우린 최고의 창조물과 조우할 가능성이 높아진다. 전투기도 예외는 아닌 거다.

전투기가 태평양전쟁을 야기하다

중국의 유안(劉安)이 저술한 책인 《회남자(淮南子)》의 〈설림훈(說林訓)〉에 이런 문장이 나온다.

수화상증 정재기간 오미이화.
(水火相增 鼎在其間 五味以和.)

'물과 불은 서로 싫어하지만, 그 사이에 솥이 존재하면 오미(五味)가 어우러진다'라는 의미다. 잘 알다시피 불과 물은 상극이다. 그럼에도 그 중간에 솥이 들어가면 맛있는 밥이 된다.

이처럼 상반된 조건들을 적절히 조화시킨 전투기가 지금으로부터 약 80년 전에 존재했다. 그것은 바로 중일전쟁과 태평양전쟁 당시 일본 해군의 전설적 전투기 '제로센(零戰)'이다. 제로센은 구(舊) 일본 해군의 요청으로 1937년 9월부터 '미츠비시(三菱) 중공업'의 청년 기술자인 호리코시 지로(堀越二郎)가 설계 주임을 맡아 개발이 진행되었다. 도쿄제국대학(현 도쿄 대학) 항공학과 출신인 호리코시의 삶은 2013년에 미야자키 하야오 감독에 의해 〈바람이 분다(風立ちぬ)〉라는 애니메이션 영화로 공개된 바 있다.

그 개발은 미츠비시 중공업에서 이루어졌으나, 생산은 '나카지마(中島) 비행기'에서 절반 이상을 담당했다. 당시 나카지마는 엔진과 기체 개발을 독자적으로 행할 수 있을 만큼 이미 높은 수준의 기술력을 보유하고 있었다.

패전 후 나카지마에서 해체된 많은 기업이 다른 기업으로 흡수되어 지금도 존속되고 있는데, 그 대표적인 기업 중 한 곳이 자동차 회사인 '닛산(日産)'이다. 또한 나카지마에서 갈고닦은 기술자들이 자동차 회사로 옮겨가면서 패전으로 신음하던 일본 자동차 산업에 지대한 공헌을 했다.

제로센 개발에 대해 당시 해군이 요구한 성능은 까다롭고 과도했다. 그로 인해 개발자들의 입에서 "없는 걸 만들어내라고 떼를 쓴다"라는 불평이 마구 쏟아졌다. 한때 나카지마는 "공동 개발에서 손을 떼겠다"라며 불만을 토로했다.

이런 우여곡절을 겪으며 1939년 초계(哨戒) 비행에 성공한 제로센은 해군의 테스트와 개조를 거쳐 1940년 7월, 중국 한커우(漢口)에서 성공적인 데뷔를 했다. 그 후 태평양전쟁 초반부터 종반까지 제로센은 1만 기 가까이 생산되어 일본 해군의 최정예 전투기로 활약한다.

정식 이름은 '영식함상전투기(零式艦上戰鬪機)'로, 태평양전쟁 당시 미군은 이 전투기를 '제로 파이터(Zero Fighter)'라 불렀으며, 패전 후에 '제로센'이라고 불리게 되었다. 당시 "제로센이 있었기에 태평양전쟁이 시작되었다"라는 말이 나돌기도 했다. 제로센은 당시 일본 기술 아래에서 이례적이라 할 만큼 고성능이었다. 그 위력은 당시 미군의 전투기 성능 비교 보고서를 통해서도 그 우수성을 가늠할 수 있다. 보고서에는 이렇게 기록돼 있다.

일대일 공중전을 벌였을 때 제로센을 물리칠 수 있는 미군 전투기는 'P51무스탕'이 출현하기까지 단 한 대도 없었다.

미군은 포획한 제로센 전투기를 가지고 일련의 테스트를 거친 후에 '3 never do not(절대 해서는 안 될 세 가지)' 경고를 발령했다.

© Kim Kwang Hee.

첫째, 제로센과 공중전을 벌여서는 안 된다.

둘째, 제로센의 뒷면에 위치한 경우를 제외하고 480km/h 이하의 속도로 전투를 벌여서는 안 된다.

셋째, 제로센이 저공으로 상승하였을 때 절대 따라가서는 안 된다.

이러한 경고에 대해 미군의 한 파일럿은 "그럼 어떤 식으로 제로센과 싸워야 합니까?" 하고 질문을 던졌다. 이에 관한 답변은 간단명료했다.

"제로센에 가까이 가지 마라."

그리고 실제로 "제로센과 번개를 만났다면 피하라!"라는 전설적인 지령을 내렸다. 그래서 제로센과 맞닥뜨렸을 때 도망치더라도 그에 따른 책임 추궁이 없었다고 한다.

제2차 세계대전 당시, 전투기의 성능 중에서도 가장 중요한 것은 항속 거리였다. 그런 점에서 제로센은 당시로서 신기에 가까운 항속 거리를 자랑했다. 그 거리는 무려 3,100km였다. 《제로 파이터(Zero Fighter)》의 저자인 마틴 카이딘(Martin Caidin)에 따르면, 제로센의 체공 시간은 12시간 5분으로, 당시 전투기로서 세계 기록이라고 한다.

태평양전쟁 초반, 일본 해군은 태평양에서 인도양에 이르는 전역을 제압하고 있었는데, 그것을 가능하게 만든 것은 제로센이 가진 항속 거리였다고 해도 과언이 아니다.

제로센의 뒤바뀐 운명

빛이 있으면 반드시 그림자도 있는 법!

모순을 극복할 수 없는 상황이라면 더욱 그러하다. 제로센의 경이로운 항속 거리는 한편으로 약점으로 작용했다. 항속 거리를 늘리고 기동력을 높이고자 기체의 극단적 경량화를 추진한 결과, 조종석과 연료 탱크에 방탄이 되지 않았다. 태평양전쟁 중반, 미군은 이런 제로센의 약점을 알아차리고 그에 대응할 전투기 개발에 온 힘을 쏟았다.

미군의 최신예 전투기는 1942년 중반 이후에 더욱 견고해져 갔고, 수적 측면에서도 제로센을 압도했다. 게다가 속력에서도 마침내 제로센을 능가하기에 이르렀다. 이런 미군의 전투력 향상은 수적 열세에 몰려 있던 제로센을 더욱 곤경에 빠뜨렸다.

더욱이 1943년에 들어서서 3배 이상의 수적 우위를 지닌 미군 전투기와의 교전이 보편화되면서 제로센의 격추는 날로 늘어만 갔다. 그럼에도 보충은 극히 제한적이었다. 게다가 외부 공격으로부터 파일럿을 지킬 수 있는 보호막이 소홀해 전투 도중 숨지는 베테랑 파일럿이 증가하면서 무적 제로센 신화에도 조금씩 금이 가기 시작했다. 그런 와중에 일본군은 미드웨이 해전(1942년 6월)에 이어 과달카날에서도 패배를 거듭했다.

치명적인 문제는 또 있었다. 전쟁에는 많은 수의 파일럿이 필요한데 제로센의 파일럿 양성에 1,200시간 이상의 훈련이 필요해 보충이 쉽게 이루어지지 않았다.

일본 정부 기관이 펴낸 유일한 대전사(大戰史)인 《전사총서(戰史叢書)》에 따르면, 1943년에 군 내부 일각에서 가미카제(神風) 공격을 주장하는 목소리가 언급되기는 했으나 연구 단계에 머물렀다. 그러다 마리아나 해전(1944년 6월)에서 크게 패하고 사이판 섬이 몰락(1944년 7월)하자 일본군은 가미카제 특공대라는 최악의 카드를 꺼내 들었다.

드디어 1944년 10월 20일에 최초로 가미카제 특공대원이 편성되었는데, 모두 마리아나의 격전지에서 살아남은 베테랑이었다. 레이테 해전이 한창 벌어지던 그해 10월 25일, 가미카제 특공대가 미군 함대로 돌

진했다. 그리고 미국의 호위 항공모함 한 척을 침몰시키고 주변의 군함들에도 많은 타격을 입혔다.

마침내 제로센은 세계 최고의 성능을 지닌 전투기에서 500kg의 폭탄을 싣고 미군 함대로 돌격하는 비극의 '가미카제' 전투기 신세로 전락했다.

그런 제로센의 운명은
일본의 운명이기도 했다.

특히 가미카제 특공대는 1945년 3월에 시작된 오키나와 전투에서 정점에 이르렀다. 베테랑 파일럿은 일본 본토 결전에 대비해 제외되고 이제 막 제로센의 조종간을 잡은 10대 후반 젊은이들이 중심이 되었다. 일본이 패망할 때까지 가미카제 특공대로 목숨을 잃은 청춘은 5,800여 명에 이른다.

완벽하다는 믿음의 불완전성

이른바 잘나가던 제로센이 어쩌다 비운의 자살 특공기로 전락하게 된 걸까? 여기에는 결코 간과해서는 안 될 사연이 있다. 제로센은 무려 6년 동안 일본 해군이 벌인 전투의 제일선에서 맹활약을 펼쳤다. 그 기간에 결점을 보완하기 위해 10여 차례에 걸쳐 개조가 이루어졌다. 그러는 동안 제로센의 핵심 역량인 항속 거리는 오히려 떨어지고 기체 중량은 늘어만 갔다. 그랬음에도 엔진의 출력 증가는 없었다.

개전 초기 제로센의 엄청난 전과에 자만해 차세대 전투기 개발을 게을리한 일본 해군 수뇌부의 무능과 방만도 문제였지만, 그보다 더 큰 문제가 수면 아래에 가려져 있었다. 그것은 중일전쟁과 태평양전쟁 6년 동안 제로센에 대해 10여 차례의 부분적 개조는 이루어졌으나 단 한 번의 개선(改善)도 이뤄지지 않았다는 점이다.

어째서 그랬을까?

개발 조직에 문제가 있었다. 제로센 개발은 일본 해군의 요청에 따라 시작되었는데, 개발자들에게 세계에서 가장 우수한 전투기를 만들라는 강력한 훈령이 떨어졌다. 미츠비시의 기술진들은 이런 요청에 부응해 결점 하나 없는 완벽한 전투기를 개발하겠다는 목표로 당시 그들이 가지고 있던 모든 노하우를 쏟아냈다. 그러한 과정을 거쳐 완성된 제로센은 세계 최고의 완벽한 전투기 그 자체였다. 당시 결점이라곤 찾을 수 없는(zero defect), 이른바 (개발자 입장에서는) 개선의 여지가 기술적으로 거의 없는 전투기였다.

이 때문에 이후 자신들이 개발한 제로센을 능가하는 전투기를 개발한다는 것은 엄두도 낼 수 없었다. 해군 수뇌부의 "없는 것을 만들어 내라"라는 강력한 지시에 부응하고자 개발자 스스로 발상에 한계를 긋는 참담한 결과를 초래했다.

모든 선행 기술은 새로운 후발 기술에 의해 극복되는 게 순리다. 하지만 제로센은 몰락할 때까지 진정한 개선이 이뤄지지 않았고, 후발 기술의 도입도 없었다.

제로센의 사례가 우리 기업 및 개인에 던지는 심오한 교훈은 이렇다. 창의적 기술이든 발상이든 그에 관한 마음가짐은 완벽에 다가서려는 태도로 일관해야 한다. 한편으로 완벽함의 추구를 통해 도출된 아이디어라 할지라도 그것이 완벽하다는 생각을 늘 경계해야 한다.

완벽하다고 믿는 순간
자신의 사고에 스스로 한계,
즉 높은 철벽을 쌓을 가능성이 있다.

Coffee Break

뇌로 하는 섹스, 창의력!

K는 하루도 빠짐없이 근력 운동을 한다. 하루 세끼를 모두 단백질과 비타민을 중심으로 섭취했다. 그 덕분에 신장은 185cm, 체중은 90kg이라는 다부진 근육질 체격을 아주 오랫동안 유지하고 있다. 그렇다면 K의 직업으로 그 가능성이 가장 높은 것은?

① 격투기 선수 경험을 가진 음식점 경영자
② 축구 선수 경험을 가진 트럭 운전기사
③ 음식점 경영자
④ 보디빌더 경험을 가진 트럭 운전기사

"무슨 문제가 이래?", "내가 그걸 어떻게 알아?"라고 투덜거리는 사람도 있을 게다. 잠시 그런 생각은 접고 위의 문제를 조금 냉정하게 바라보라.

삶은 늘어놓은 습관 덩어리!

많은 사람이 ①번 혹은 ④번을 선택했을 게다. 하지만 실제로는 ③번 음식점 경영자일 확률이 가장 크다. 음식점 경영자는 격투기 경험을 가진 사람도 있고 축구 선수, 보디빌더를 경험한 사람도 있을 게다. 물론 평범한 직장인도 있을 것이다.

위 문제에서는 격투기나 보디빌더를 연상시키는 정보가 다수 언급되어 있어 우리를 헷갈리게 만든다. 실상 우리 생활에서 이런 일들이 종종 벌어지는데, 위 문제가 전형적인 사례라 할 수 있다. ②번의 축구 선수 경험을 한 트럭 운전기사는 독자의 머리를 혼란시키고자(?) 그냥 넣어보았다.

내일도 오늘을 반복하겠지?

매일 아침, 거의 동일한 시간에 일어난다. 알람이 울리지 않아도 자동으로 눈이 떠진다. 졸린 눈을 비비며 이불을 걷어내고 침대에서 바닥으로 내려간다. 늘 같은 방향과 위치로 말이다.

그리고 화장실에 가 볼일을 보고, 익숙하게 머리를 감는다. 세면대에 놓인 샴푸와 린스가 놓여 있는 위치는 늘 같다. 샴푸질을 하는 손의 움직임 역시 언제나 일정하다. 전날과 크게 다르지 않은 식사를 한 다음, 지난주와 같거나 별반 다르지 않은 색깔과 디자인의 와이셔츠와 주름 잡힌 바지를 입는다. 옷장 안에 걸려 있는 와이셔츠의 색깔은 계절과 무관하게 대부분 같은 계열이다.

녹음기를 틀어놓은 듯 아내와 아이들에게 "아빠, 다녀올게"라고 인사한 뒤에 현관에 가지런하게 놓여 있는 신발을 신는다. 신발의 색깔이나 디자인은 오랫동안 바뀌지 않고 있다.

현관문을 나와 엘리베이터 단추를 누르곤 엘리베이터가 도착할 때까지 스마트폰 화면을 쭉쭉 문질러댄다. 엘리베이터에 들어서면 P1 버튼과 문 닫힘 버튼을 꾹 누른다. 지하 주차장은 제법 여유가 있음에도 주차 위치는 늘 비슷하다. 물론 직장을 향해 몰고 있는 자동차도 어제와 같은 것이고, 가는 길도 완벽하게 똑같다. 도착한 직장도 어제 다녀간 그 일터다. 한눈에 들어오는 사무실 풍경은 사진처럼 익숙하다.

자리에 앉기 전, 사무실 구석 테이블에 놓인 전기 포트의 물 양을 확인한 후에 전원 버튼을 누른다. 그러고는 자리에 앉자마자 익숙하게 컴퓨터 전원을 누르고 바로 일어서서 뒤편에 놓인 스마트폰 충전기를 찾아 배터리를 교환한다. 잠시 뒤에 부글부글 물 끓는 소리가 들리면 녹차 한 잔을 우려내 다시 자리로 돌아온다. 창문 너머에는 어제와 동일한 건물들과 도로, 나무들이 비친다.

곧바로 인터넷 접속 아이콘을 클릭하고 어제 하던 작업을 이어갈 태세를 갖춘다.

발표 준비를 위해 PPT 화면도 띄워둔다. 정확히 컴퓨터 화면 오른쪽 끝머리 앞에 놓인 녹차에서 김이 모락모락 피어오른다. 채 식지 않아 뜨거운 녹차를 조금씩 들이켠다. 진한 향을 타고 행복감이 마구 밀려온다. 내일도 오늘을 반복하겠지!

이것이 10년 전이나 지금이나 전혀 달라진 것 없는 한 직장인의 모습이다.

우리의 뇌는 절약 본능 때문에 반복된 상황에서는 굳이 또 다른 의사 결정을 하기보다 기존의 반복 행동을 선호한다. 우리 일상에서 완전히 다른 사고를 요구하는 것은 거의 불가능한 강요다. 요즘 유행하는 빅데이터라는 것도 그런 인간의 습관 덩어리를 한 줄로 쭉 늘어놓은 것이 아닌가.

어제와 오늘의 관행을 언제까지 가져갈 건가?
이젠 과감히 떨쳐버릴 때도 되지 않았는가.

비록 미지(未知)로의 낯선 길이 불편할지라도 여기에는 많은 이점이 존재한다. 미지로 발을 뗀다는 두근거림 외에도 낯선 것이 던져주는 다양한 자극과 신선함, 그로 인한 발상 전환 등이 그것이다. 한마디로 관행과 타성에 젖지 않을 수 있다.

청년이 앓고 있는 병은?

우리는 매우 나쁜 습관 하나를 가지고 있다. 그것은 바로 자신의 형편에 맞는 증거만을 보거나 수집한다는 사실이다. 보이는 대로 믿는 것이 아니라 자신이 믿는 대로, 보고 싶은 대로 모든 것을 보고 믿는다. 다음은 필자의 저서《창의력에 미쳐라》에 등장하는 한 꼭지다.

깡마른 한 청년이 감기로 인해 침대에 누워 있다. 얼굴에는 피곤한 기색이 역력하다. 고통스러운 듯 계속해서 이마에 손을 가져다 대고 있다. 침대 맡에 놓인 약봉지에는 녹색 알약 1개와 붉은색 알약 2개가 있다. 그 알약 중간에 새겨진 '20'이라는 숫자가 유난히 돋보인다. 열린 창밖으로는 고개를 좌우로 흔들고 있는 소, 사납게 짖어대는 개, 이리저리 요란스럽게 몰려다니는 큼직한 말벌 떼가 보인다.

지문은 여기까지다. 청년의 병명은 뭘까? 3초 안에 답하라. 필자의 경험에 비춰볼 때 답변자의 절반가량만 '감기'라고 올바른 답을 한다. 종종 지문의 주인공이 청년이어서 그런지 '상사병'이라고 답하는 사람도 있다. 그 외에도 아래와 같은 답안들이 쏟아진다.

광우병, 광견병, 빈혈, 정신병, 간질, 소음에 의한 정신 질환, 신종플루, 마약 중독, 소화 불량, 정신 착란, 눈병, 현기증, 불면증, 벌 알레르기, 구제역, 바이러스 감염, 색맹, 두통, 꾀병, 당뇨병, 과대망상, 정신 분열, 소아마비, 환각, 귀신 들림, 이별, 결핵, 색맹, 우울증, 편두통, 식중독, 지루함, 감기 몸살, 말라리아, 폐병, 몽유병, 소음 스트레스, 축농증, 설사, 뇌진탕, 흑사병, 알츠하이머, 무기력증, 아프지 않다……

분명 지문 첫머리에서
"한 청년이 감기로 인해 침대에 누워 있다"
라고 언급했건만
어째서 위와 같은 다양한 대답이 나온 걸까?

미국의 심리학자인 대니얼 사이먼스(Daniel Simons)와 크리스토퍼 차브리스(Christopher Chabris)의 고릴라 실험에서도 이와 같은 것을 확인할 수 있었다.

여섯 명의 학생을 두 팀으로 나누어 한 팀에는 검은색 셔츠를 입히고, 다른 팀에는 흰색 셔츠를 입힌 뒤 두 팀을 뒤섞어 놓고 서로 농구공을 패스하게 했다. 그리고 이들의 장면을 촬영한 영상을 피시험자들에게 보여 주며 검은색 셔츠를 입은 팀은 무시하고 흰색 셔츠를 입은 팀이 주고받은 패스의 수만 세도록 했다. 영상이 끝난 뒤 피시험자들에게 이렇게 물었다.

"혹시 고릴라를 보았니?"

실험에 참여한 피시험자들 중 절반 이상은 고릴라를 보지 못했다고 답했다. 실은 영상 중간에 고릴라 의상을 입은 사람이 무대 중앙에서 가슴을 두드리는 장면이 있었다. 매우 쉽게 확인할 수 있는 장면임에도 많은 사람이 고릴라의 존재를 눈치채지 못한 거다.

심리학에서는 이를 가리켜 '무주의 맹시(Inattentional Blindness)'라고 한다. 특정 사물을 지켜보는 것 같지만 실제로는 다른 곳에 정신이 팔려 눈앞에 펼쳐지는 대상을 알아차리지 못하는 현상이다.

위 실험에서도 알 수 있듯 사람들은 종종 자신이 보고 싶은 것만 보고 기억하고 싶은 것만을 기억한다. 목격한 장면을 이해하고, 그에 맞추어 기억을 각색하거나 무엇을 기억할지 취사선택하기도 한다. 이런 인간의 두뇌를 믿고 의지해야 할지 때로는 섬뜩해지기도 한다.

Part3에서는 오늘날 우리나라와 기업들이 겪고 풀어야 할 몇 가지 문제점을 일본과 견주어 진단했다. 비록 한정된 영역을 다루었으나 향후 우리 경제와 사회가 나아갈 방향성에 대해 필자 나름의 대안도 짧게 피력했다.

일본을 보며
한국을 생각하다

chapter 01

1980년대
청춘들의
아이콘

음악과 워킹을 접목시켰다.
발상 전환이 낳은 희대의 히트 상품이다.
엉터리 일본제 영어가 급기야 일반 명사가 됐다.
음악을 좋아하는 전 세계인들의 필수 휴대품이었다.
발매 이래 2억만 대 이상 팔려 공전의 히트를 기록했다.
덕분에 일부 하위문화를 주류 문화로 끌어올렸다.

위의 내용들이 가리키는 것은 무엇일까?

그렇다.
사진을 통해 이미 눈치챘듯 주인공은 바로 워크맨이다.

소니는 삼성의 거울,
20 : 60 : 20

1980년대와 1990년대 초반, 워크맨은 젊은이들의 아이콘 그 자체였다. 당시 학창 시절을 보낸 사람이라면, 휴대용 음악 플레이어 워크맨에 대한 동경과 향수가 여전히 뇌리에 굳건하게 남아 있다. 실내에 놓여 있던 육중한 턴테이블을 허리춤에 달고 거리로 나와 음악에 맞춰 경쾌하게 스텝을 밟게 되었다고 상상해보라. 이 얼마나 경이로운 일인가!

그런 워크맨을 탄생시킨 주역이 바로 소니(Sony)이다. 워크맨은 소니의 혁신과 기술을 상징하는 제품으로 자주 거론된다. 워크맨 시리즈는 음악을 좋아하는 세계 젊은이들의 필수 휴대품으로 자리매김하면서 1979년 발매 이래 2억만 대 이상 팔리는 공전의 히트를 기록했다.

워크맨이 전 세계로 퍼져 나가자 반항과 자존감을 드러내는 힙합 등의 하위문화(subculture)가 건물 내부 공연장에서 길거리로 끌어올려졌다. 덕분에 힙합은 오늘날 가장 뜨거운 문화가 되었다. 그러한 혁신성이 없었다면 소니는 일반 사용자들에게 단순한 TV 제조 업체 중에 하나로만 기억되었을 게다.

일본에서는 '워크맨(Walkman)'이라는 이름으로 발매되었으나, 이는 문법에 어긋나는 일본제 엉터리 영어였기 때문에 미국에서는 '사운드 어바웃(Sound About)'으로, 영국에서는 밀항자를 의미하는 '스토우 어 웨이(Stow Away)'로, 스웨덴에서는 '프리 스타일(Free Style)'이라는 이름으로 발매됐다.

그러나 일본을 찾은 외국 음악가들이 귀국할 때 워크맨을 구매해 가면서 해외에서도 '워크맨'이라는 이름으로 통일되는 데 채 1년이 걸리지 않았다. '워크맨'이라는 엉터리 일본어가 언어적 파괴력 덕분에 전 세계의 일반 명사가 됐다.

소니가 갈피를 잡지 못하는 이유

"하드웨어와 소프트웨어는 자전거의 두 바퀴다!"라고 외치던 소니는 1980년 말, 미국의 대표 영화사인 컬럼비아 픽처스를 인수했다. 그리고 1990년대 중반에 시장에 내놓은 가정용 게임기 '플레이스테이션'이 대박 나자 제2의 도약을 선언했다.

소니의 행보는 문화 대국과 기술 대국을 지향하던 당시 일본의 분위기와 잘 맞아떨어졌다. 그렇게 소니는 전 세계가 동경하는 브랜드로 등극했다. 오늘날 애플의 위치에 당시 소니가 있었다고 해도 과언이 아니다.

그랬던 소니가 2000년대 이후에는 혁신적인 제품을 내놓지 못하고 있다. 얼마 전 소니의 CEO는 2014년도의 순손실액이 2,300억 엔에 이

를 것이라는 충격적인 발표를 했다. 시장 환경의 격변과 모바일 사업이 예상 이상으로 부진한 것이 주요 원인이었다. 그러면서 배당 중단도 선언했다. 1958년 상장 이래 처음 있는 일이다. 현재 소니의 신용 등급은 정크 본드(junk bond) 수준에 가깝다. TV 사업은 10년 연속 적자를 기록하고 있다.

소니의 쇠락은 본거지에서도 뚜렷하게 확인할 수 있다. 창업 이듬해인 1947년부터 2007년까지 본사가 있었던 도쿄 시나가와(品川)의 '소니 마을'도 사라지고 있다. 급성장할 당시 10여 개에 달했던 소니의 건물도 이제는 연수 시설과 역사 자료관 정도만 남아 있다. 긴자(銀座) 중심에 자리 잡은 소니 체험 전시관(쇼룸)도 활력을 잃은 듯 한산하다.

전문가들은 소니를 비롯해 2000년대 들어 일본 전자 산업이 부진한 이유를 '지나친 내수 시장의 의존' 때문이라고 꼬집었다. 실제로 일본에는 1억 2,700만 명의 인구가 존재해 크게 노력하지 않아도 국내 시장의 파이를 나눠 먹을 수 있었다. 그런 시장만 믿고 상대적으로 혁신을 게을리한 탓이다.

한편으로 전자 산업의 추락 원인은 설계와 제조 부문의 분리가 이루어지지 않은 채 기업 내에서 '수직 통합과 내제(內製)에 매달린 결과'라는 주장도 설득력을 얻고 있다. 이는 글로벌 분업이라는 세계적 흐름과 완전히 동떨어진 것이며, 모든 것을 혼자 하려고 하는 것은 이제 혁신 모델이 될 수 없다는 경고다.

특히 휴대폰의 경우 최고의 기능과 기술력을 갖추었음에도 자국 표준에만 집착하다가 세계 시장과의 호환을 놓쳤다. 세상과 벽을 쌓고 고립된 시장 안에서의 경쟁에만 만족해야 했다. 그 결과, 일본 브랜드의 스마트폰은 일본인조차도 거부하는 품목 중 하나가 되었다.

현대판 3종의 신기(神器)라고 불리는 자동차, PC, 휴대폰 중에 일본 기업이 글로벌 시장에서 일정 수준의 시장점유율을 확보하고 있는 것은 도요타로 대표되는 자동차뿐이다. 근래 도요타는 수소 연료 전지차와 관련한 특허 5,680개를 무상 공개하는 등 전 세계 맹주 자리를 이어가고 있다.

"창의력은 소니의 힘!"이라며
세상에 없는 것을 만들자고 부르짖던
창업자의 목소리는 어디로 간 것일까.

소니의 몰락을 바라보며 현재 대한민국과 삼성전자의 위기가 겹쳐 보인다. 시장에서 영원한 강자는 없나 보다.

삼성전자의 둠즈데이(doomsday)

삼성전자가 흔들리고 있다. 겨우 정상의 자리에 섰다 싶었는데 애플과의 격차는 다시 좁혀지고 있고, 저 멀리서 쫓아오고 있는 줄 알았던 중국 기업이 바로 등 뒤에서 압박을 하고 있다. 심지어 삼성이 노키아의 길을 따라 걷고 있다는 평가마저 나오고 있는 상황이다.

소니를 시작으로 노키아, 모토로라, 에릭슨 등 많은 기업이 전 세계 IT 업계를 주도하다가도 일단 한 번 추락하면 재부상하지 못하는 사례가 불문율처럼 존재한다. 그래서인지 삼성전자의 일거수일투족이 부담스러울 만큼 세간의 주목을 받고 있다.

2018년 1분기 세계 스마트폰 시장점유율은, 삼성전자가 22.6%로 1위, 이어 애플이 13%로 2위, 중국의 화웨이가 11%로 3위, 오포 9%, 샤오미 8%, 비보 7% 등의 순이다. 중국 기업을 모두 합치면 시장점유율은 거의 절반에 가깝다.

같은 기간 세계 최대 시장인 중국에서 삼성전자의 스마트폰 점유율은 불과 1.3%에 머물렀다. 프리미엄 시장인 미국에선 22%로 애플의 점유율(42%)의 절반 수준이다. 또 인도에선 중국 샤오미에 1위 자리를 내줬다. 한마디로 샌드위치 신세가 따로 없다.

좁고 황무지 같은 척박한 환경에서 태어나 맨날 혁신만이 살 길임을 목 터지게 외쳐야 할 운명의 삼성전자와 달리, 애플과 화웨이, 마이크로맥스는 거대하고 기름진 옥토를 물려준 조상 덕에 탱자탱자 누워서 떡을 먹고 있는 것 같아 심히 배알이 꼬인다. "우리도 땅 덩어리만 컸다면 너희 따윈 게임도 안 될 걸!" 하고 너스레라도 떨고 싶은 심정이다.

전문가들은 "삼성전자는 하드웨어가 중심인 반면, 애플은 소프트웨어와 콘텐츠 중심의 조밀한 생태계, 문화를 갖추고 있어 그 어떤 충격에도 거침이 없다"라고 입을 모은다. 하도 많이 들어온 지적이라 삼성전자의 귀에 이미 딱지가 앉아 있을 게 틀림없다.

그렇다고 삼성전자를 스마트폰이나 파는 하드웨어 중심의 기업이라고 폄하해서는 안 된다. 소재 및 부품에서 통신 기기 및 가전 제품에 이르기까지 일관 생산이 가능한 세계 유일의 기업이다.

전 세계 14위(9,400만 명)의 인구 대국인 베트남. 베트남의 연간 수출액의 약 20%를 삼성전자가 담당하고 있다. 현지 고용 창출만 11만 명에 달한다. 얼마나 놀라운 일인가! 앞으로 이 비율은 더욱 늘어나 베트남 경제의 견인차 역할을 하게 될 것이다.

또한 미국 내 특허 등록 수를 보면, 삼성전자는 2016년 5,518건으로 IBM(8,088건)에 이어 2위다. 그것도 2006년 이후 이 자리를 계속 유지하고 있다. 따지고 보면 이런 경쟁력이 오늘의 삼성전자를 가능하게 만든 원동력이다.

주걱으로 물을 펼 수는 없다

베젤리스, 무선 충전, 고화소 카메라, 방수성, 폴더블······.

사용자에게 하드웨어 성능은 선택의 가장 중요한 요소가 아니다. 전화와 문자메시지, 간단한 SNS 기능만 활용하는 사람들에게는 더욱 그렇다. 한때 선망의 대상이던 스마트폰은 이제 일상 생활용품이 되었다. 고만고만한 기능이 아니라 제품에 혁신적인 가치를 부여하고 이를 통해 문화적 아이콘을 창출하는 것이 삼성전자의 최대 과제다.

문제는 삼성전자가 가진 탁월한 능력과 기술을 그동안 다른 기업의 꽁무니나 쫓는 제품에서만 살려온 건 아닌지 묻고 싶다. 삼성전자가 아무리 새로운 기능과 독자성을 자랑하더라도 사용자는 기능의 차별화 정도로만 이해한다는 사실이다.

게다가 최근 중국 기업들은 정부의 막대한 자금 지원 아래 모방 수준을 넘어 '혁신'의 상징으로 떠오르고 있다. 이제는 '짝퉁 차이나' 혹은 '대륙의 실수'라 불리던 단계를 넘어 글로벌 수준의 도전과 혁신, 기술력을 갖추고 있는 것이다. 새로운 발상과 기술로 기존 시장을 뒤엎는 '시장 파괴자(disrupter)'의 선두에 중국 기업들이 도열해 있다.

남이 창조한 것을 모방해 더 싸게, 더 빨리, 더 잘 만드는 패러다임은 종언을 고하고 있다. 우리도 선발국으로부터 쉽게 베꼈는데 중국이나 인도 등 후발국들도 어찌 그러지 않겠는가! 기술 환경이 날로 급변하는 IT 산업에서 오랜 기간 정상의 자리를 지켜내기란 쉽지 않다.

삼성의 약점은 창의성이 부족하다는 점이다. (중략) 돌이켜보면 삼성은 너무 오랫동안 '파격'이나 '창의성'과 동떨어져 있었다. 세계가 입을 못 다물 규모의 흑자를 내면서 이렇게도 독창적인 제품을 못 내는 것 또한 입을 다물지 못할 일이다.

전호림,《매경이코노미》, 제1777호

뼈아픈 지적이다. 이런 비판에 삼성전자는 당장 반격하고 싶겠지만, 기업은 결과가 전부다. 성과로 반격해야 옳다. 삼성이 꼭 그렇게 해줄 것이라 믿는다.

20 : 60 : 20과 채찍의 방향

부단한 혁신 없이는 결코 1등의 자리를 지킬 수 없다. 소니의 사례가 그것을 잘 입증해주고 있지 않은가. 소니가 쇠락한 가장 큰 요인은 누가 뭐라 해도 '조직의 관료화'이다. 혁신의 최대의 적(敵)도 관료화다. 관료화는 잘나가는 조직이 시간과 함께 떠안게 되는 숙명적 난제다. 삼성전자도 방심하다가는 소니의 전철을 밟을지도 모른다.

몇 년 전부터 스테디셀러 목록에 올라 있는《일본에서 가장 소중히 하고 싶은 회사(日本でいちばん大切にしたい會社)》의 저자 사카모토 코지(坂本光司) 교수 집에 삼성전자의 취재진이 찾아와 이렇게 물었다고 한다.

"어째서 이전 전 세계 기업과 경영자의 선망의 대상이었고 경영 모델로까지 불렸던 일본의 ○○과 ××와 같은 대기업의 경영이 근래 들어 이상해졌습니까? 우리 회사가 장래 그렇게 되지 않기 위해서는 향후 어떤 점에 유의해 경영해야 한다고 생각하십니까?"

이에 사카모토 교수는 이렇게 대답했다.

"기업은 물론이고 어떤 조직체든지 조직이 가장 소중히 해야 하는 것을 가장 소중히 하지 않으면, 즉 가장 소중히 해야 하는 것을 소홀히 해버리면 그 조직체는 머지않아 반드시 변질되어버립니다. 성가신 건 조직이란 당장은 아니지만 천천히 그러나 확실히 부패해간다는 점입니다. 그러므로 사태의 중요성을 깨달았을 때에 종종 거론되는 냄비 속의 개구리 현상은 아닐지라도 바로 조직이 열탕에 삶겨 대응 불능 상태가 되어버리죠. 다양한 조직체, 다양한 생명체의 성쇠 역사가 이를 너무도 명확히 증명하고 있습니다."

결국 조직의 성쇠는 이를 구성하고 있는 인재에 달려 있는데, 그런 인재들이 점차 관료화된다면 기업의 생명은 끝이라는 경종이다. 성자필쇠(盛者必衰)가 역사로 증명된 진리라면, 삼성은 지금이 혁신으로 가는 절호의 기회다.

거듭 말하지만 본질은 변화보다는 안주가, 긴장감보다는 느슨함이 지배하는 조직의 관료화가 문제다.

조직의 비대화로 인해 야기되는 필연이
바로 관료주의(bureaucracy)다.

이른바 내부의 적이다. 비대해진 삼성전자는 조직의 의사 결정이 늦고 창의적이거나 모험적 투자는 등한시하면서 구성원 대다수가 현상 유지와 당면한 실적 관리에 몰두하고 있다. 여기에 더해 내부 관계자만의 독점 거래로 인해 신기술과 동력이 제대로 접목되지 못하고 있다는 지적이 여기저기에서 터져 나온다.

외부 패러다임에 앞서 내부 패러다임이 바뀌어야 한다. 조직의 비대화와 관료화, 상명하복의 조직 문화를 어떻게 일소할 것인지가 혁신으로 가는 가장 빠른 지름길이다. 이는 직접 관계가 없는 이들의 탁상공론식 충고이자 너무도 빤한 지적으로 들릴 수 있다. 하지만 너무도 빤한 얘기를 빤하지 않게 추진하는 게 얼마나 어려운지는 잘 알 것이다.

기업의 직원을 세 가지로 분류하면 다음과 같다.

- 우수한 직원 20%
- 그렇지 못한 직원 20%
- 그저 그런 평범한 직원 60%

대부분의 기업이나 조직에 들어맞는 비율이라고 한다. 운동회의 하이라이트라고 할 수 있는 줄다리기를 생각해보자. 줄다리기는 참가자 전원이 하체와 허리의 힘을 순간적으로 폭발시켜야 하는 종목이다.

상대로부터 한 뼘이라도 더 끌어오려고 사투를 벌이는 20%가 있는 가 하면, 엄청난 힘을 쓰고 있는 듯 인상은 잔뜩 찌푸리고 있지만 사실은 그저 줄을 잡고 있는 시늉만 하는 20%가 있다. 그 외 60%는 기필코 이 기겠다는 강한 승부욕보다는 평소 해오던 대로 욕먹지 않을 만큼만 밧줄을 당긴다.

만약 당신이
한 기업의 CEO라면 어떻게 하겠는가.

현재 당신의 기업은 절체절명의 위기에 몰려 있다. 기업을 다시 일으켜 세우기 위해 앞서 제시한 부류 중 어느 부류(비율)에 주안점을 둔 혁신을 추진할 것인가?

지금껏 선두에 서서 잘 달리고 있는 말들에 채찍을 가하는 것이 옳을까? 아니면 그냥 두어도 무리에서 낙오할 말들에게 무리수를 두며 몰아붙이는 것이 좋을까? 그것도 아니면 늘 중간에서 치고 나가려고도, 처지려고도 않는 무리의 말들에게 채찍을 가하는 것이 좋을까?

진정으로 혁신을 꿈꾸는 CEO라면 앞으로 치고 나가려고도, 뒤로 처지려고도 하지 않는 안정 지향적이자 안주를 탐닉하는 60%의 말들에게 먼저 채찍을 가해야 한다. 조만간 솎아질 20%에 대한 채찍은 괜한 전력 손실일 수 있다. 그동안 우수한 성과를 보여준 20%의 말들은 그냥 둬도 재빨리 조직 내 혁신 분위기를 읽어내고 금세 선두로 나설 것이다.

바람은 한 방향으로만 불지 않는다

삼성전자는 분명 후발자다. 적어도 지금까지는 그렇다. 남의 것을 재빨리 베껴 성공한 내력이 있다. 덕분에 실패 횟수는 최대한 줄일 수 있었다.

지난 성공의 달콤함은 하루 속히 잊고 혁신을 무기로 새로운 게임 방식을 창출해야 한다. 과거의 찬란한 영화가 삼성전자에게 무거운 부채(負債)가 되어서는 곤란하다. 길이 모두에게 열려 있는 듯 보이나 모두가 그 길을 갈 수 있는 것은 아니다. 장점을 습득하는 것만으로는 더 나은 장점을 창출할 수 없다. 고통스럽겠지만 '누구도 가지 않은 길, 아무나 쉽게 갈 수 없는 길'을 찾아 나서야 한다.

인간은 오감(五感)이 모두 충족될 때 강한 만족감을 느낀다. 그중 시각의 감각기관인 눈(디자인), 청각의 감각기관인 귀(사운드), 촉각의 감각기관인 피부(재질)는 이미 삼성전자의 제품에 훌륭하게 반영되어 있다. 나머지 후각의 감각기관인 코와 미각의 감각기관인 혀는 삼선전자의 제품에서 만날 수 없다.

진정으로 인간을 홀리게 만들려면 코와 혀까지 자극하는 제품을 만들어야 한다. 특히 후각은 모든 감각 중에서도 가장 원초적이어서 인간의 욕망과 행동에 엄청난 영향을 미친다. 생각하기도 전에 거의 무의식적으로 반응하기 때문이다.

한마디 더! 자동차를 한 줄로 잇는다고 KTX가 되는 것이 아니듯

갤럭시에 신기능을 부가한다고 해서 차세대 제품이 되는 게 아니다. 스마트폰이 범용 제품화되면서 시장 진입의 장벽은 훨씬 낮아졌다. 이제는 전혀 다른 차원에서 차세대 제품을 모색하고 창출해야 한다. 그러기 위해서는 여러 벌의 안경을 번갈아 써보며 다채로운 시선으로 세상을 바라봐야 한다.

명심하라.
180도 다른 결과를 원한다면
180도 다른 일을 해야 한다는 만고불변의 진실을!

자원 빈국인 대한민국의 유일한 자원은 두뇌다. 혁신 또한 개인과 조직의 두뇌를 바꾸는 데에서 첫발을 뗀다.

안다. 귀신은 그리기 쉬워도 개는 그리기 어렵다. 이상을 말하기는 쉬우나 현실을 헤쳐 나가기는 어렵다는 얘기다. 그럼에도 삼성전자는 스스로 변화와 혁신을 주도해 진정한 '창의력 신화'를 일궈낼 거라 믿는다.

내부의 적을 향해 채찍을 휘둘러라!

chapter 02

A에 들어갈
놀라운 타이틀은?

다음 표를 보라.
표 안의 'A'에 들어갈 내용이 무엇일지 추정해보라.

연도	생산 가능 인구 (추계치)	A
2015년	3,695만 3,000명	5만 명
2020년	3,656만 3,000명	60만 5,000명
2030년	3,289만 3,000명	427만 4,000명
2040년	2,887만 3,000명	829만 5,000명
2050년	2,534만 7,000명	1,182만 1,000명
2060년	2,186만 5,000명	1,530만 2,000명

한국경제연구원(2014. 12. 14)

한국경제연구원은 '이민 확대의 필요성과 경제적 효과'라는 보고서에서
현재 추세대로라면 한국의 잠재 성장률은 2020년대 초반에 3% 밑으로 떨어지기 시작해
2050년대 후반에는 1% 미만이 될 것이라고 추정했다.

잠재성장률을 결정하는 변수 중 하나인
생산 가능 인구(15~64세)가 지속적으로 줄어들기 때문이다.

2017년 이후 생산 가능 인구 유지를 위해 필요한 이민자 수는
2020년에 60만 5,000명, 2040년에 829만 5,000명, 2060년에 1,530만 2,000명의 이민자
가 유입돼야 3%의 잠재성장률을 유지할 수 있다는 게 한국경제연구원의 주장이다.

참으로 외면하고 싶은 내용이다.

224개국 중 219위
출산율

경영학의 대가라 불리는 피터 드러커(Peter Drucker)는 말했다.

"미래는 아무도 모른다.
그러나 인구 동태만큼 확실하게 다가오는 미래도 없다."

갖은 예측이 난무하는 가운데 유일무이(唯一無二)하게 들어맞는 정확한 예측은 다름 아닌 '인구 예측'이다. 한국은 저출산·고령화 사회다. 여기에 저성장까지 겹쳐 사회 활력이 상당히 많이 떨어졌다. 특히 저출산·고령화는 대한민국의 존립 자체를 위협하는 재앙이지만 어찌 된 일인지 위기감이 거의 느껴지지 않는다.

혹시 정부가 특별한 대책을 강구하고 있을 거라고 막연하게 기대하는 것일까? 일종의 사회 현상 정도로만 인식해 그냥 흘려듣는 것일까? 그것도 아니라면 아예 포기와 절망 상태인 것일까? 폭풍 전야의 고요함 가운데 언론 보도만이 요란하다.

고령화 사회는 국가나 지역별로 시간적 갭(gap)은 있을지언정 지구상의 그 누구도 피할 수 없는 대세다. 즉 고령화 사회는 경제 성장과 더불어 초래되는 당연한 결과다. 하지만 저출산 문제는 전혀 다른 차원의 문제다. 국가의 존망이 걸린 대한민국 최대의 문제요, 지난(至難)한 과제다. **준비되지 않은 인구 감소는 특급 재앙이다.**

서서히 망해가는 대한민국

"응애~ 응애~"

2700년 12월 31일 자정, 서울 역삼동 ○○병원 분만실. 대한민국 마지막 국민이 될 아이의 울음소리가 울려 퍼졌다. 전국에 딱 하나 남은 분만실도 이날로 폐쇄되었다.

물론 가상 상황이다. 하지만 이대로라면 현실화가 될 가능성이 아예 없지 않다. 지난 2000년에만 해도 63만여 명에 달했던 출생아 수는 2002년 49만 명대로 급감한 뒤 조금씩 감소했으나 2013년부터 2015년까진 43만 명 선을 유지했다. 그러다 최근 들어 감소 속도는 다시 빨라지고 있다.

실제로 2018년 1분기 출생아 수는 8만 9,600명으로 전년 대비 9.2%(9,100명)나 줄면서 사회에 큰 충격을 던지고 있다. 1분기 출생아 수가 8만 명대가 된 건 월별 출생 통계 집계가 시작된 1981년 이래 처음이다. 2005년부터 2016년까지 11만~12만 명대를 유지하다가 지난해

9만 명대로 추락하더니 2018년엔 8만 명대로 주저앉았다. 합계 출산율은 조만간 1명 아래로 추락할 전망이다.

지난 2006년부터 2017년까지 12년간 정부는 저출산 문제를 해결하겠다며 투입한 예산만 무려 124조 2,000억 원에 달한다. 하지만 결과는 참담하다. 출생아의 수는 되레 줄고 있다.

뭔가 잘못돼도 한참 잘못됐다.

중국의 잠재 성장률 저하, 북한의 핵 문제, 국내의 노사 갈등 등 우리가 당면한 문제가 수두룩하지만, 저출산 문제와는 견줄 바가 못 된다. 저출산 문제를 해결하지 못하면 대한민국의 성장 엔진이 멈추면서 대재앙과 마주하게 된다.

뭐 그렇게 난해하게 말할 것도 없다. 동네는 한 집 건너 빈집이다. 빵집, 커피숍, 노래방, 당구장, 미용실, 약국 등이 모두 문을 닫고 가로등만이 유일하게 빛을 내고 있다. 읍, 면, 군, 시의 붕괴와 합병 소식이 언론에 오르내리더니 급기야 여기저기에 고스트 타운이 생겨났다. 빈집이 늘면서 경관 악화와 방범 문제를 불러와 주변의 부동산 가격에도 치명타를 안긴다. 여기에 더해 아이들의 출생지는 대부분 서울과 수도권이다.

이뿐만이 아니다. 사회 복지의 근간이라는 연금 제도는 사어(死語)가 된 지 오래고, 조선과 자동차, 반도체 공장은 일손 부족으로 제때 생산이 이루어지지 못한다. 서해와 남해의 수산 자원을 외국 어선들이 싹쓸이해가도 이를 막을 군경이 절대적으로 부족하다.

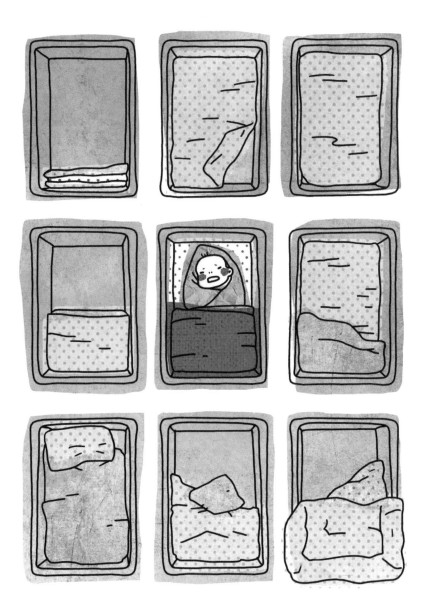

TV에서는 대규모 이민으로 인한 사회 및 종교 갈등과 이민법 개정을
두고 여야의 치열한 공방 모습이 연일 비춰진다. 고향이 영남이니 호남
이니 하는 문제로 옥신각신하던 작은 나라에서 이제는 이질적 민족과
집단이 뒤엉키면서 전례 없는 대립 양상이 불거져 나오는 것이다. 이는
모두 머지않아 맞이하게 될 미래 모습이다.

합계 출산율이 2.1명이 되어야 현재의 인구 규모를
유지할 수 있다. 그럼에도 우리나라는 무려 11년 동안 1.3명 미만
의 출산율이 계속되고 있다. 생산 가능 인구는 2016년에 정점을 찍고
2017년부터 본격적으로 줄어들기 시작했다.

현재의 상황을 방치할 경우 한국 인구는 2084년에 절반으로 줄고,
2136년에는 1,000만 명으로 급감한다. 이러다 2750년에는 한국 인구
가 멸종할 거라는 국회입법조사처의 통계 결과도 있다. 이는 2013년의
합계 출산율 1.19명이 유지된다는 전제로 나온 통계이지만 소름 돋는
결과가 아닐 수 없다.

어린이 vs. 애완동물, 무엇이 더 많을까?

그렇다면 일본의 사정은 어떨까? 국제 신용 평가 기관인 무디스는
2014년 말에 일본의 신용 등급을 'A1'으로 한 단계 강등시켜 우리보다
한 단계 낮은 오만이나 체코와 같은 수준이 되었다고 발표했다. 무디스

는 이러한 결정을 내린 배경으로 두 가지 꼽았는데, 그중 하나가 바로 '인구 감소'였다. OECD도 국가 저성장의 배경을 인구 감소에서 찾고 있을 정도다.

일본의 저출산은 우리보다 훨씬 빨리 시작되었다. 지난 1989년의 합계 출산율이 1.57명으로, 이른바 '1.57 쇼크'를 경험한 이후 2005년에는 과거 최저 수준인 1.26명까지 떨어졌다가 이듬해부터는 매년 증가하고 있기는 하나 여전히 낮은 1.44명(2016년)이다.

출산율 저하에 따라 여성 및 고령자의 취업 비율이 꾸준히 상승했음에도 생산 가능 인구는 1995년에 8,717만 명을 정점으로 줄고 있어 연금 등 사회 보장 시스템의 근간을 흔들 전망이다.

현재 속도로 저출산이 진행될 경우 50년 뒤 일본 인구는 1억 2,672만 명(2017년)에서 1억 명을 크게 훨씬 밑돌 것으로 추산되며, 사실상 2008년부터 감소 국면에 들어갔다. 위기감에 휩싸인 일본 정부는 합계 출산율을 2020년엔 1.6명, 2030년엔 1.8명, 2040년엔 2.07명까지 늘려 2060년에는 적어도 1억 명의 인구를 유지하겠다는 장기 목표를 추진하고 있다.

정부가 합계 출산율을 제시한 것 자체가 "출산은 개인의 자유다", "여성이 아이 낳는 기계냐"라는 논란을 일으켰으나 국가의 존망이 걸린 문제다 보니 일본 정부는 비판에 귀 기울일 여유가 없어 보인다.

또한 정치가의 망언이 저출산 문제에서 터질 만큼 심각하다. 얼마 전 일본 부총리의 입에서 이런 말이 불쑥 튀어 나왔다.

"고령자가 나쁘다고 말하는 사람이 있는데 아이를 낳지 않는 쪽이 문제다."

이에 "아이를 낳지 않는 것이 문제가 아니라, 아이를 낳을 수 없는 환경이야말로 문제다"라는 국민들의 맹비난이 이어졌다. 저출산과 고령화가 맞물리면서 일본 사회는 심각한 후유증을 앓고 있다. 이런 모습은 우리에게 더 이상 강 건너 불구경 거리가 아니다.

그러다 보니 기이한 일들도 벌어지고 있다. 이제는 아이의 수보다 애완동물의 수가 더 많다. 일본 총무성에 따르면, 15세 미만의 어린이 수(2014년 4월 기준)는 1,633만 명이었다. 반면 일본 펫푸드협회의 조사 결과에 따르면, 개와 고양이 사육 두수는 2,062만 두(2013년 기준)라고 한다. 저출산 사회가 빚어낸 우울한 단면이다.

많으면 미래가 불확실, 없으면 미래가 실종!

고령 사회가 초고령 사회로 바뀔지라도 굳건한 출산율만 받쳐준다면 해결책은 있다. 고령자가 늘어도 그에 비례해 젊은 층의 수가 증가하면 전체적인 인구 구조의 균형은 유지될 수 있다.

출산율 저하는 유아 및 어린이 놀이 시설, 출산 및 육아 관련 용품점, 우유·빙과·제과 업체, 병원, 교육 기관, 종교, 부동산 등 사회 모든 분야에 걸쳐 직·간접적인 영향을 미친다.

그렇다면 저출산의 주된 원인은 무엇일까? 대략 다섯 가지가 주원인으로 꼽힌다.

첫째, 경제적 이유

아이의 양육(특히, 교육비)에 엄청난 경제적 부담이 동반된다.

둘째, 사회 구조적 원인

여성 고학력화 추이에 따른 경제 활동 참여로 인해 일과 육아의 양립이 쉽지 않다.

셋째, 만혼(晩婚)과 비혼(非婚)

결혼 연령이 늦어지면서 가임 연령도 늦어지고 가임 횟수도 줄어드는 악순환 구조가 거듭되고 있다. 이에 더해 굳이 결혼할 계획이 없는데 출산 운운은 본말 전도 상황이다.

넷째, 가치관의 변화

결혼과 출산을 필수에서 선택으로 인식하는 우리 사회의 가치관 변화도 한몫하고 있다.

다섯째, OECD 최고 수준의 낙태율

보건복지부는 지난 2011년에 태어난 신생아 수는 47만여 명, 인공 임신 중절로 태어나지 못한 아기 수는 무려 16만 9,000여 명에 달해 전체 신생아 수의 36%에 해당한다고 발표한 바 있다. 실제로는 앞의 수치보다 훨씬 더 많을 것이라는 것이 전문가들의 추정이다. 가령 아기들이 임신 중절로 사라지지 않고 태어났다면 출산율이 1.6 이상은 올라갔을 것이라는 분석이다.

현행 모자보건법상 의사는 불가피한 경우에 한해 본인과 배우자의 동의를 얻어 임신 중절 수술을 할 수 있다. 이는 결국 법적으로 낙태를 당연시하거나 방조하는 법률이 아닐까? 어떻게 해서든 낙태를 막을 수 있는 솔로몬의 지혜가 필요한 시점이다.

물론 그 반대 측에 서 있는 사람들도 있다. 건강보험공단의 통계에 따르면, 아기를 낳고 싶어 수백만 원짜리 시험관 시술을 몇 차례씩 거듭하는 난임·불임 부부가 20만 쌍이나 된다고 한다.

앞서 둘째로 언급한 여성의 경제 활동 참여는 저출산의 원인이라고 보기 어렵다. 일과 육아의 양립 곤란이 저출산에도 영향을 미치고 있는 것은 분명하지만 생각만큼 한국 여성의 경제 활동 참여율은 높지 않다. 여전히 OECD 최저 수준이다.

세계경제포럼(WEF)에 따르면, 전 세계 142개국 중 남녀평등 순위 Top3는 아이슬란드, 핀란드, 노르웨이 순이었다. 한국은 117위로, 최하위 수준이었다. 놀라운 것은 아이슬란드의 출산율이 2.1명, 핀란드와 노르웨이가 각각 1.9명이라는 점이다. 양성 평등의 문화가 갖추어져 있는 국가가 여성의 경제 활동과 출산율이 모두 높다는 것을 알 수 있다.

양성 평등과는 거리가 먼 우리에게는
그저 남의 얘기다.

셋째로 언급한 고학력 여성의 만혼(晩婚)은 저출산에 직접적인 영향을 미치고 있다고 판단된다. 또 여성이 20대에 아이를 출산하려면 남성도 20대 아빠가 될 마음의 자세와 주변 환경이 뒷받침되어야 하는데 평균 초혼 연령(2016년 기준)이 남자는 만 32.8세, 여자는 만 30.1세다 보니 20대 출산은 이미 물 건너가버렸다.

필자는 아이가 셋이다. 그래서 저출산에 대해서만큼은 할 말이 많다. 아빠 입장에서 저출산의 가장 큰 원인을 꼽자면, 그것은 역시 '경제적 이유'다. 아이를 키우는 데 너무 많은 돈이 든다.

현재 대한민국에서 아이를 키우려면 생각 이상으로 현실의 벽이 높다. 아이 하나 낳아 대학까지 졸업시키려면, 3억 896만 원 정도가 필요하다는 한국보건사회연구원의 통계에서 어찌 '육아=빚=절망'이라는 연결 고리를 떠올리지 않겠는가.

많은 사람이 필자는 대학교수, 아내는 중학교 교사이니 저축도 하면서 여유로운 생활을 할 걸로 생각한다. 솔직히 예전에 비해서는 먹고살 만하다. 하지만 수시로 해외여행을 하고, 맛있는 음식을 골라 먹고, 좋은 차를 끌고 다니지는 못한다. 필자도 이런 지경인데 남편 혹은 아내가 혼자서 가정 경제를 책임져야 하는 외벌이라면, 두 명 이상의 아이를 키우기란 실로 버겁다.

한국보다 출산율이 높은 일본(1.44)은 나라가 당장 무너지기라도 할 듯 야단법석을 떠는데, 우리 사회는 어찌 된 일인지 강 건너 불구경하듯 수수방관만 하고 있다. 참으로 안타까운 현실이다.

출산하는 그대는 눈부시게 아름답다

저출산을 두고 또 다른 관점도 존재한다. 육체노동이 지배하던 과거에는 먹고살기 위해 많은 일손이 필요했다. 그래서 아이를 많이 낳아야만 했다. 하지만 현재는 기술 발전과 경영 노하우 개발 등으로 인해 고부가 가치의 높은 생산성이 가능해지면서 그리 많은 일손이 필요하지 않다.

현재 대부분의 선진국이 공통적으로 안고 있는 저출산 문제의 본질은 지식 노동의 보급에 따른 자연스러운 현상일 수도 있다. 그렇다면 저출산은 양의 경제에서 질의 경제로 옮겨가는 계기가 될 수도 있다. 여기에 더해 저출산에 대한 현재의 암울한 예측은 수십 년 혹은 수백 년 뒤에도 모든 조건이 현재와 같다는 전제 아래 도출된 것이어서 다소 과장된 경고일지도 모른다.

다시 말해, 현재의 삶이 과거와 다르듯 미래의 삶 또한 현재와 다를 수 있다. 따라서 국력 쇠퇴라든지 국가 존립의 위협이라는 식의 설명은 그리 적절하지 않다는 의견도 존재한다. 그런 논리나 주장을 완전히 무시하는 것은 아니지만, 계속되는 저출산은 분명 파행을 초래할 수 있다.

출산율을 높이려면 먼저 결혼을 늘려야 한다. 그에 따라 결혼 축하금을 지급하는 지자체도 생기고 있다. 전남 장흥군은 결혼하면 3년에 걸쳐 500만 원을 지원한다. 해남군도 결혼 축하금을 주고 신혼부부 집 장만을 위해 대출이자 일정액도 지원해준다. 충북 괴산군과 경북 봉화군은 신혼부부에게 결혼 예식 비용(100만 원)을 지원하고 있다. 이처럼 결혼하는 부부에게 축하금과 같은 인센티브를 주는 지자체가 점차 늘어나고 있다.

이전 허경영 씨가 대선 후보 출사표를 던지며 결혼 수당으로 남녀 각 5,000만 원, 출산 수당으로 출산 시 3,000만 원을 지급하겠다는 공약을 내걸어 국민의 코웃음을 샀다. 하지만 이젠 코웃음이 아닌, 향후 모든 대선 후보의 첫 번째 공약이 출산 정책에 모아지고 그 내용도 허 후보 공약을 훌쩍 뛰어넘어야 할 정도다.

모든 임산부에게
백지 위임장을!

일본의 경우 정부와 지자체는 물론, 기업들까지 저출산 대책에 적극적이다. 손정의 회장이 이끌고 있는 통신 업체인 소프트뱅크는 직원이 출산을 하면 첫째 아이일 경우에는 50만 엔, 둘째 아이일 경우에는 10만 엔, 셋째 아이일 경우에는 100만 엔, 넷째 아이일 경우에는 300만 엔, 다섯째 이후의 아이일 경우에는 500만 엔의 출산 축하금을 지급한다.

야마구치 현에 있는 사이쿄(西京)은행 역시 직원들의 출산 축하금을 대폭 늘렸다. 기존에 아이 1명당 1만 엔을 지급하던 것을 2014년 9월부터 첫째 아이일 경우에는 50만 엔, 둘째 아이일 경우에는 10만 엔, 셋째 아이 이후부터는 100만 엔을 지급하고 있다.

우리 기업들도 이런 모습을 본받아야 한다. 훗날 자신들의 고객이 하나둘씩 줄어든다고 생각해보라. 얼마나 끔찍한가. 이제는 우리 사회 구성원 모두가 발 벗고 나서야 한다. '아이 한 명을 키우려면 온 마을이 필요하다.'라는 말이 왜 생겨났는지 곰곰이 생각해볼 시점이다.

저출산 극복을 위해 정부 예산 책정에서부터 세부 지침에 이르기까지 경천동지(驚天動地)할 대안이 제시되어야 한다. 결혼 적령기의 남녀에게 결혼을 하고 아이를 출산하는 것이 얼마나 현명하고 합리적인 선택인지에 대해 각인시켜야 한다.

장기적으로는 이민도 고려해야 한다는 주장이 제기되고 있다. 고령화를 피해간 유일한 선진국이 미국이다. 유연한 이민 정책으로 전 세계의 젊은 두뇌를 끌어들인 덕분이다. 하지만 과연 한국에 미국처럼 유능하고 젊은 두뇌들이 몰려올까? 근육은 몰려올지 모르나 두뇌까지 건너오리라고는 장담하기 어렵다.

우리 내부적으로 저출산 극복이 힘들다면, 이민보다는 우선 기술적 해결책을 모색하는 것이 합리적이다. 하루가 다르게 발전하고 있는 '로봇'도 일부 대안이 될 수 있다. 세계 최고 수준의 IT 강국에서 이제는 로봇 강국으로 거듭나는 거다.

골든 타임이 속절없이 흘러가고 있다. 추세가 반전되어 출산율이 과거의 수준으로 되돌아가는 일은 없을지라도 국가의 파행만은 막아야 한다.

당장 저출산과의 전쟁을 선포하라!
그렇지 않으면 대한민국은 없다.

원칙을 다
따져서
되는 일이 있을까

반드시 매뉴얼을 따르고, 짚을 것은 하나하나 챙기고서야 다음 단계로 넘어간다.
그런 당신의 원칙주의 때문에 주변 사람들은 답답해 미칠 지경이다.

"대충 좀 해라!"

"요령껏 하라고!"

"어휴, 저 답답이!"

"앞뒤가 꽉 막힌 좀팽이 같으니라고!"

"그렇게 융통성이 없어서 세상을 어떻게 살려고 그래?"

이런 비난에 당신은 어떻게 대응할 건가?

도돌이표 비극,
안전 의식

오랜만에 아내와 집 주변 공원을 거닐며 이런저런 대화를 나눴다. 대화는 판교 테크노밸리 환풍구 추락 사고(2014년 판교테크노밸리 축제에서 환풍구가 붕괴되면서 그 위에 있던 27명이 추락한 대참사)로까지 옮겨갔다. 아내의 생각이 궁금했다.

"일본인이라면 과연 그 높은 환풍구 위에
올라갔을까?"

아내는 뭔가를 생각하는 듯 곧바로 반응을 보이지 않았다. 성격이 급한 필자가 나서 답변을 겸해 다시 말을 이어갔다.

"일본에서는 아마 그런 일이 벌어지지 않았을 거야."

이에 아내는 못마땅한 표정으로 "왜 그렇게 일본 편을 들어?"라며 다소 감정 섞인 목소리로 되받았다. 필자는 이렇게 부언했다.

"분명 공연이라는 특수한 환경에서 유명 가수(걸 그룹)를 잘 볼 수 있는 높은 장소가 있다면 올라가고 싶은 마음이야 굴뚝같겠지. 하지만 사고로까지 이어지지는 않았을 것 같아."

하지만 아내는 "정말 팬이거나 어린아이들이라면 더 잘 보기 위해 위로 올라갈 수도 있지 않을까?" 하고 반론을 펼쳤다.

"그럴 수도 있겠지. 일본인들도 사람인데. 설령 그랬더라도 환풍구 위에 서서 가수 노래에 흥겨워하는 상황까진 가지 않았을 거야."

"어째서?"

여전히 아내의 얼굴에는 불만이 가득해 보였다.

"행사를 시작하기 전부터 안전 요원들을 곳곳에 배치했을 테고, 만약 환풍구 위에 한 사람이라도 올라간 걸 봤다면 당장 내려오게 만들었을 거야. 아니면 행사 시작 전에 안전 요원들이 위험한 장소나 동선을 미리 체크해서 환풍구에 올라서는 걸 아예 차단했을 수도 있어."

"최근 일본 사회 일각에서도 일손 부족과 경비 절감 등을 이유로 안전 대책을 소홀히 하는 바람에 불상사가 발생해 '안전 신화가 붕괴됐다'라는 보도가 나오기도 하던데."

"그렇긴 해. 하지만 여전히 일본의 안전 신화는 유지되고 있다는 게 옳을 것 같아. 길거리 주변의 공사장을 한 번 보라고."

안전 무시는 승률 제로의 도박

몇 년 전 도쿄에 머물던 당시 집 주변에서 목격한 장면이다. 공사장 주위에 경계 표시를 위해 수십 개의 빨간 삼각뿔을 이은 가설 울타리가 둘러쳐 있었고, 좌우에는 공사 중이라는 큼직한 간판이 세워져 있었다. 안전 관리를 책임지는 사람은 총 3명이었는데, 그중 두 사람은 공사장에서 약간 떨어진 좌우에 서서 주변을 통제했고, 한 사람은 공사장 바로 앞에서 좌우를 끊임없이 살피며 통행인들을 안내했다.

그들은 사람이 지날 때마다 고개를 숙이고 "공사로 불편함을 끼쳐드려 죄송합니다. 이쪽으로 조심해 지나가시기 바랍니다."라고 말하며 한시도 쉬지 않고 형광 지시봉으로 길을 안내했다. 그 옆을 지나는 사람들도 안전 요원의 지시에 순응했고, 유도된 통로만 이용했다.

이쯤 되면 틀림없이 엄청나게 중요하고 위험한 공사를 하는 게 분명하다. 적어도 한국인이라면 그렇게 생각한다. 그러나 실제로는 파헤쳐진 보도를 2명의 작업원이 땅을 다지고 길이를 재며 그 위에 벽돌(타일)을 맞춰 올리는, 이른바 단순 작업을 하고 있었다.

솔직히 우리나라 같으면 안전 요원은커녕 그냥 진입 금지 삼각뿔 몇 개만 세워놓아도 별 탈이 없었을 듯 뵌다. 그런 단순 작업임에도 작업은 2명이 하는 반면, 안전 요원은 3명이나 된다. 이에 더해 그들은 위아래 작업복, 반사광(형광판) 안전 조끼, 안전모, 형광 지시봉 등 완벽한 복장을 갖추고 있었다. 한마디로 지나치다는 생각이 들 정도였다.

언젠가 필자는 지인인 일본 교수에게 이런 질문을 했다.

"일본 실업률이 낮은 것은 안전 요원과 같은 무수한 일자리 때문이죠?"

우스갯소리 같지만 전혀 근거 없는 이야기는 아니다. 2017년 8월 기준, 일본의 직업별 유효 구인 배율(구직자 수에 대한 구인 수의 비율)을 보면 사무직 0.40배, 판매직 1.76배, 전문·기술직 2.07배, 운전·수송직 2.26배, 복지·서비스 2.74배, 건설 공사 관련직 4.22배 등인 데 반해 '보안직(경찰관과 안전 요원 등)'은 무려 7.30배나 되었다. 참고로 2018년 3월 평균 유효 구인 배율은 1.59배로, 1991년 이래 가장 높은 수준이다.

아무튼 사소한 일부터 중대한 일까지 원칙대로 처리하는 것이 일본을 이끌어가는 힘이요, 잠재력이다. 문득 선진국의 조건은 화려한 성장보다 안전을 우선시하는 기본 자세라는 생각이 들었다.

잠시 여기서 다중 이용 시설의 안전 불감증을 짚어보자. 언론이 전하는 실제 모습이다.

음식점, 호프집 등이 밀집한 A상가 건물에 들어서니 비상계단에 의자나 입간판 일부, 음료수 박스 등이 어지럽게 널려 있었다. 비상시 유일한 대피로로 사용해야 하는 공간이지만, 제 기능을 하기엔 역부족으로 보였다.

인근 B상가는 2~4층엔 유흥업소가 위치해 있었고, 7층 PC방이 영업 중이었다. 유흥업소는 영업 전인 탓에 복도와 계단 등에 비상등을 꺼놨는데, 7층에서 화재가 발생 시 대피하는 데 있어 어려움이 상당해 보였다. 화재 등을 예방하기 위해 켜둬야 할 비상등이 영업 종료와 동시에 꺼져 있는 셈이다. 유일한 대피로인 옥상은 잠겨 있어 유사시 대형 인명 피해가 우려됐다.

1층엔 대형 마트가 있고 그 입구에 노점상들이 자리를 잡은 C건물의 2층엔 고시원이 있다. C건물은 금연 건물임에도 불구, 고시원 입구에 버려진 술병과 종이 상자 사이 버려진 담배꽁초가 눈에 띄었다. 적재물이 계단 사이에 쌓여 지나가기도 어려운 상황이었다. 해당 건물 옥상은 잠겨 있었다. 비상구의 중요성을 제대로 인식하지 못해 비상사태 발생 시 필요한 유일한 탈출구를 막아뒀다.

〈중부일보〉, 2018. 5. 24

다중 이용 시설의 안전 불감증은 여전하다. 한국인들의 안전에 대한 의식이 극적으로 바뀌는 계기가 될 것이라던 세월호 사고 이후에도 이처럼 바뀐 건 별로 없다.

우리의 기억력이 부실하고 빈약한 탓인지
세월호의 슬픔과 분노를

안전이란 에너지로 탈바꿈시키지 못했다.

고양종합버스터미널 화재, 전남 장성 요양병원 화재, 판교 환풍구 추락 사고, 오룡호 사고, 의정부 대봉그린아파트 화재 참사, 영종대교 105중 추돌 사고, 강화도 캠핑장 화재, 잇따른 터널 사고와 타워 크레인 사고, 영흥도 해상 참사, 제천과 밀양 화재 참사 등은 모두 그 연장선에 있다.

통 큰 이기주의의 말로

"설마 이 큰 배가 가라앉겠어?"
"설마 환풍구가 밑으로 떨어지겠어!"
"나 하나쯤이야 뭐 어때서!"

그놈의 '설마'와 '나 하나쯤'이 사람 잡는다. 우리나라는 한 해 교통사고로 약 5,000명이 목숨을 잃고 32만 명이 다친다. 7년 가까이 치러진 베트남전쟁에서 숨진 한국군 수와 맞먹는다. 인구 10만 명당 교통사고 사망자 수, 어린이 안전사고 사망자 수 모두 미국, 일본, 독일 등 OECD 주요국보다 적게는 1.2배에서 많게는 4배 이상 높다. 이런 사망 사고의 가장 큰 원인은 무단 횡단과 운전자의 휴대폰 조작 같은 부주의라니 참으로 허망할 따름이다.

필자가 일본에서 살던 집 근처에는 횡단보도가 하나 있었는데, 바닥에 흰색 선이 달랑 세 개만 그어져 있을 정도로 폭이 좁았다. 그럼에도 좌우에는 신호등이 설치되어 있었다. 인상 깊었던 것은 서너 걸음만 내딛으면 바로 건널 수 있는 이 횡단보도를 빨간불이 켜지면 아무도 건너지 않는다는 사실이었다. 저만치에 교통경찰이 서 있다거나 CCTV가 설치되어 있는 것이 아닌데도 말이다. 평소 일본인들이 가진 안전 및 법규(원칙)에 관한 의식을 횡단보도 하나에서도 쉽게 확인할 수 있었다.

반면 우리나라는 어떤가. 세월호 참사만 보더라도 출항 전에 지켜야 할 법규나 안전에 대한 의식은 어디에서도 찾아볼 수 없었다. 그 후에 줄줄이 터진 우리 사회의 안전사고도 크게 다르지 않다.

더 허망한 것은 직업윤리마저 내팽개친 채 선장은 팬티 바람으로 가장 먼저 탈출했다는 사실이다. 이는 2011년 동일본 대지진 당시 후쿠시마 제1원자력발전소 소장으로 마지막까지 현장에 남아 지휘한 고(故) 요시다 마사오(吉田昌郎)와 대비를 이룬다.

많은 사람이 일단 일이 터지면 모조리 남 탓으로 돌리고, 무조건 단체로 드러눕고, 생떼 부리고, 악을 쓰다가 문제 해결이 쉽지 않아 보이면, 매도와 폭행을 서슴지 않는다. 정말 두려운 건 이런 일들이 반복되면서 관행처럼 굳어지고 있다는 사실이다. 그런데 정부와 국회는 포퓰리즘 법안만 남발하고 있으니 심히 걱정스럽다.

따지고 보면 한국은 일본처럼 지진이 잦거나 초대형 태풍이 연간 평균 20~30회씩 몰려오거나 이따금씩 화산이 폭발하는 나라가 아니다. 여름 한 철 몰려오는 장마를 제외하곤 자연 재해가 많이 일어나지 않는다. 그래서인지 한국인의 안전에 대한 의식도 낮아 유난히 안전사고가 잦다. 우리 사회는 크고 화려한 외면에 비해 실체는 빈약하고 부실하기 짝이 없다.

초심으로 돌아가야 한다. 학년과 경제에는 월반(越班)이 있어도 안전 의식에 월반이란 존재하지 않는다. 어릴 때부터 원칙과 약속, 안전과 질서 등의 교육이 몇 번이고 반복해 이뤄져야 한다. 이를 통해 비상시에 몸이 절로 반응하도록 해야 한다.

안전에 관한 한 타협이란 절대 있을 수 없다. 안전에서 99점은 낙제다. 무조건 100점이어야 한다. 확률적으로는 불과 1% 차이지만 피해 당사자에게는 100%, 즉 전부다. 또한 원칙과 질서를 지키면 손해를 본다는 인식에서 이를 어기면 오히려 더 큰 손해를 본다는 사회적 합의가 자리 잡게 해야 한다.

chapter 04 ➡   ➡ ➡   ➡

이 책의
정체는
멀까

1997년에 첫 출간되어 2007년에 7권으로 완간되었다.
주인공이 사악한 마법사에게 부모를 잃고 친척집에서 온갖 천대를 받으며 자라다가
자신에게 마법 능력을 지녔음을 알게 되면서 벌어지는 얘기다.
책이 출간되기 전까지 작가는 무명 작가이자 이혼녀, 기초 생활 수급자였다.
교황 베네딕토 16세는 2005년에 "이 책이 어린 영혼을 유혹하고
기독교 정신을 왜곡할 수 있다"라는 견해를 밝혔다.
출간 전까지 12개의 출판사에서 거절당했다.

자, 질문!
이는 어떤 책에 대한 설명일까?

점점 사라지고 있는
지식 판매점

언제부터인가 동네에서 레코드점이 사라지더니 그 뒤를 이어 서점도 하나둘씩 사라지고 있다. 학교나 할인점 한 모퉁이에서 학습지나 수험서만 판매하는 곳이 명맥을 이어가고 있을 뿐이다. 이제는 중심가의 대형 서점 몇 곳과 온라인 서점을 제외하곤 책을 판매하는 곳을 찾기가 힘들다.

지난 1994년에 5,683개였던 지역 서점 수가 2003년엔 2,247개로 절반 이상 줄더니 2011년엔 1,752개, 2013년엔 1,625개, 2015년엔 1,559개로 매년 줄고 있다. 이렇게 서점과 한국인들은 점점 멀어지고 있다. 서점과 멀어진다는 것은 책과도 멀어진다는 의미다.

이는 숫자로도 확인할 수 있다. '2013 출판 시장 통계'에 따르면, 조사 대상 출판사 81개의 약 20%만이 교과서와 학습 참고서를 중심으로 수익성이 개선되고, 나머지 80%는 실적이 악화되었다. 그리고 1만 부 이상 팔리는 책이 해마다 줄어 2013년에는 201종, 2014년(9월 말 기준)에는 97종밖에 없었다. 우리 출판 및 도서 시장의 민낯과 힘든 현실을 잘 보여주고 있다.

독서량 감소가 시대의 필연이라 해도
창의력의 근간은 생각하는 힘에 있고,
그 출발점은 독서인데 큰일이 아닐 수 없다.

그런데 이런 상황에서 스트레스 해소법 1위로 '독서'가 꼽혔다는 반가
운 소식도 들린다. 영국의 서섹스 대학교의 인지신경심리학과 연구팀은
"6분가량의 독서를 하면 스트레스가 68% 감소되고, 심장 박동 수가 낮
아지며 근육 긴장이 풀어진다"라고 밝혔다.

훈훈한 동네 서점 이야기

독서를 많이 하는 것으로 유명한 일본인들도 점차 활자를 외면하고 있
다. 출판과학연구소에 따르면 2014년 서적·잡지의 추정 매출액(전자도
서 제외)은 전년 대비 4.5% 감소한 1조 6,065억 엔으로, 1950년 통계 작
성 이래 가장 큰 하락 폭을 기록했다. 정점이었던 1996년의 2조 6,563
억 엔과 비교하면 3분의 1가량이 감소된 것이다. 자세한 내역을 보면, 잡
지 매출액은 5.0% 감소한 8,520억 엔으로 17년 연속 하락세를 기록했
다. 그중에서도 주간지는 8.9%나 감소했다. 책도 4.0% 감소한 7,544억
엔에 머물렀다.

또한 일본 문화청이 2014년 3월에 전국 16세 이상 남녀 3,000명을
대상으로 실시한 설문 조사 결과를 보면, 만화나 잡지를 제외한 1개월

독서량은 1~2권이라고 답한 사람이 34.5%였고 3~4권은 10.9%, 5~6권은 3.4%, 7권은 3.6%였다. 반면에 "읽지 않는다"라고 응답한 사람은 47.5%에 달했다.

> 하지만 한국과 비교해보면
> 일본은 여전히 책과 친근한 나라다.

예전에 비해 책을 읽는 사람이 눈에 띄게 줄어든 것은 사실이지만 한국만큼 스마트폰에 열중하지는 않는다. 여전히 전철이나 버스 안에서 책을 꺼내 드는 사람을 만날 수 있다.

야후에서 필자가 1년 동안 체류한 도쿄의 기치조지(吉祥寺) 주변 서점을 검색해보면 무려 30곳이 나온다. 그중 몇 곳은 헌책방이다. 이곳에만 서점이 많은 건 아니다. 2014년 전국의 서점 수는 1만 3,943개로 예전에 비해 많이 줄어들었지만, 전철이 통과하는 역 주변의 대형 건물에는 서점이 하나씩 입점해 있다. 중심가를 벗어난 곳에도 작고 아담한 동네 책방이 존재한다.

기치조지의 많은 서점 중에 필자를 단숨에 매료시킨 곳이 있다. 그곳의 이름은 '준쿠토(Junkudo)'. 역에서 5분 남짓 걸으면 닿을 수 있는 건물의 6층과 7층을 사용하고 있는데 들어서는 순간 단번에 눈을 사로잡는다. 방문자를 삼킬 듯 거대한 서재가 둘러서 있다. 필자는 이곳에서 일본에서 출판되고 있는 책의 다양성에 놀라움을 금치 못했다.

지난 2010년 12월, 일본 최북단 홋카이도(北海道)의 한 항구 마을에서 유일하게 운영되던 서점이 판매 저조를 이유로 문을 닫았다. 이에 아이들이 교과서조차 제대로 구입할 수 없게 되자 지역 주부들이 서점의 필요성을 역설하며 일어섰다. 주부들은 대형 서점인 산세이도(三省堂)를 루모이(留萌) 시에 유치하는 모임을 결성한 뒤 시 인구의 10%에 해당하는 2,500여 명을 회원으로 모았다.

그 결과, 산세이도는 2011년 7월에 루모이시에 출점을 결정했다. 30만 명을 기준으로 삼고 있는 산세이도가 인구 3만 명이 채 되지 않는 곳에 출점하기로 결정한 것은 매우 이례적이었다.

현재 약 150평 크기의 이 서점에는 무려 10만 권의 책이 빼곡하게 들어서 있으며, 참고서는 물론 문구류, CD, DVD 등도 함께 취급하고 있다. 주민(주부)들의 열정으로 유치한 일본 최초의 대형 서점이라는 점에서 주목을 받고 있다.

얼마 전 큐슈 사가(佐賀) 현 서부에 있는 작은 도시가 열도를 떠들썩하게 만들었다. 주인공은 바로 다케오(武雄) 시로, 사실 이 도시를 유명하게 만든 것은 2013년 4월에 새롭게 개장한 공립 도서관이다.

이 도서관은 2013년 9월에 50만 명의 방문자 수를 달성했고, 2014년 5월에 100만 명의 방문자 수를 돌파했다. 이 중 40만 명은 외지에서 찾아온 사람들이다. 시 관계자에 따르면 인구 5만 명인 도시에 도서관 방문자 수가 100만 명을 넘어 1년 동안 약 200억 엔 이상의 경제 효과가 있었다고 한다.

대체 어떠한 이유로
그곳이 엄청난 인기를 끈 것일까?
그것은 다름 아닌 민간의 파격적 아이디어와
운영 능력 때문이었다.

일본 최대 DVD 대여 업체인 츠타야(TSUTAYA)가 위탁 운영을 맡아 평범한 공립 도서관을 180도 탈바꿈시켰다. 츠타야는 젊은이들에게 인기 있는 커피 체인점인 스타벅스를 도서관 안으로 끌어들였다.

다케오 시는 츠타야에게 위탁료로 연간 1억 1,000만 엔을 지불하고 (기존 운영비는 1억 2,000만 엔이었음), 그 대신에 시는 임대료로 연간 600만 원을 받고 있어 비용 절감에도 도움이 된다. 가장 큰 변화는 연중무휴에 아침 9시부터 저녁 9시까지 문을 연다는 점이다. 1년 365일 개관은 일본에서도 처음이다. 현재 소장 도서는 20만 권으로 모두 개가식이다. 전용 가방을 이용하면 전국 어디에서나 500엔에 책 반납이 가능해 호평을 받고 있다. 또한 이곳에서는 한 손에 커피를 들고 책을 읽으며 옆 친구와 대화를 나누는 것이 가능하다. 한마디로 도서관이자 서점이고, 멋스러운 카페인 셈이다.

앞의 사례에서 보듯 작금의 일본을 지탱하는 힘(잠재력)이 지식에 대한 남다른 갈구라고 한다면 필자의 과언일까?

영화 〈해리 포터〉의 패착?

앞서 던진 질문의 정답은 조앤 K. 롤링이 쓴 판타지 소설《해리 포터(Harry Potter)》다.《해리 포터》시리즈는 아동 도서는 베스트셀러가 되기 어렵다는 선입견을 단숨에 무너뜨리며 세계적인 열풍을 일으켰다. 소설 속에서 표현된 각종 마법 세계는 아이들뿐 아니라 머리가 굵은 어른들까지 매료시켰다. 책 속에서는 각종 이미지를 눈으로 접할 수 없으니 마법 이야기가 더욱 마법처럼 느껴졌기 때문이다. 덕분에 60여 개 언어로 번역되었고, 지금껏 4억 5,000만 권 이상이 팔려《성경》다음으로 많이 팔린 책 중 하나라는 평가를 받고 있다.

그런 인기에 편승해 2001년 〈해리포터와 마법사의 돌〉을 시작으로 2011년 〈해리포터와 죽음의 성물〉 2부까지 총 8편의 영화가 개봉되었다. 하지만 이는 비극의 시작이었다.《해리 포터》가 책에서 영화로 만들어지면서 전 세계 어린이들에게서 헤아릴 수 없을 만큼의 엄청난 것을 빼앗았고, 앞으로도 빼앗아 갈 것이다.

그게 뭐냐고?
다름 아닌 '창의력'이다.

"원작의 풍부함을 담아내지 못한 아쉬움이 남는다"라는 고루한 이야기를 하려는 게 아니다. 판타지 장르가 갖는 고유의 성향, 즉 무한한 상상력과 창의력을 통해 인간의 새로운 소망과 원대한 비전을 펼치는 긍정적인 효과는 실로 대단하다. 그럼에도 창의력 계발이라는 효과 측면에서 '책과 영화'라는 두 매체의 역량은 비할 바가 못 된다.

몇 년 전에 〈뉴스위크〉는 '창의력 위기(The Creativity Crisis)'라는 제목의 특집을 게재했다. 오늘날 각 가정에 당연한 것처럼 놓여 있는 TV와 비디오 게임이 실은 우리 아이들의 창의력 지수(CQ, creativity quotient)를 크게 떨어뜨리고 있다고 따끔하게 지적했다.

잠시 고민해보자. 어째서 책은 창의력 계발에 많은 도움이 되는데, 영화나 TV와 같은 매체들은 그렇지 못할까? 책은 영화나 TV 매체와 달리 우리에게 모든 것을 보여주지 않는다. 문자(글씨)는 보여주지만, 영상과 소리를 보여주거나 들려주지는 않는다. 그 때문에 큰 결핍을 가진 것처럼 비치지만 실은 이것이 책이 가진 어마어마한 강점이다. 인간은 직접 눈으로 볼 수 없는 대상에 관해서는 무한한 상상력을 펼쳐가며 자기 나름의 해석을 끊임없이 갈구한다.

  상상 속의 동물인 용(龍)의 경우를 보자. 용의 모습은 중국, 일본, 한국
이 모두 다르다. 만약 실재(實在)하는 동물의 모습을 나라마다, 사람마다
다르게 표현한다면 그것은 대단한 왜곡이고 사기다. 하지만 세상 그 누
구도 본 적 없고 존재하지 않는 상상 속의 용을 자신의 상상력 수준에 따
라 제각기 달리 표현하는 것은 지극히 당연하다.

  결국, 책을 통해 어떤 대상을 접하게 되면 독자들의 상상력을 이용한
이미지 구축은 얼마든지 가능하다. 하지만 영화는 이미 특정 대상의 이
미지를 스크린을 통해 노출시키기에 그 순간부터 상상력은 특정 형태로
고착화되어버린다. 특히 《해리 포터》는 흥미진진한 환상과 마법으로 가
득하기 때문에 그런 경향이 더욱 짙다.

chapter 05

이런 오해는
어디서
오는 걸까

有名稅

다음은 국내 언론에 기사화된 내용의 일부를 발췌한 것이다.
다음 문장 중에 잘못된 걸 골라보라.

① 그녀는 데뷔 전부터 아름다운 외모로 유명세를 탔던 바 있다.

② 유명세를 얻었다가 한순간에 인기가 식어버리기도 한다.

③ 그는 간판선수의 유명세에 밀려 무명의 세월을 보내야 했다.

④ K씨는 유명세에 힘입어 방송에까지 진출하는 절호의 기회를 얻는다.

21세기의 생존어,
한자(韓字)

행복을 의미하는 한자 '幸(행)'을 뒤집어보라. 변함없이 '幸'이다. 여기에서 하나(一)만 제하면 고통(辛)으로 바뀌는데, 그 하나가 바로 '창의력'이다.

다음 지문을 집중해서 읽어보라.

하루 뒤면 한글날입니다. 요즘 우리말을 배우기 위해 바다 건너 나라에서 오는 젊은이가 많습니다. 온누리가 한 나라처럼 살아가는 때에, 저들의 움직임에 눈길이 갑니다. 바다 건너에서 온 젊은이들은 무슨 까닭으로 우리말을 배우러 온 것일까요. 우리는 우리말을 배우러 온 몇몇 나라의 젊은이들을 한자리에 불러 모았습니다. 얼굴 빛깔이 서로 달랐지만, 그들은 한글의 멋에 대해 한목소리로 말했습니다. 우리말이 온 누리 사람들이 알아주는 입말이자 글말이 되는 날도 머지않았다는 생각이 들었습니다.

자, 어떤 느낌이 들었는가? 이는 한글날을 맞아 순우리말에 대한 관심을 환기하는 차원에서 한 일간지(《중앙일보》, 2014. 10. 8)가 작성한 글이다. 곳곳에 어색한 표현이 눈에 띈다. 내용을 이해하는 데에도 시간이 제법 걸린다. 일상에서 순우리말로만 의사소통하는 것은 사실상 불가능해 보인다.

지식 기반이 없는 창의는 공상

크리스마스를 며칠 앞두고 한 유치원에서 학부모들에게 배달한 가정통신문의 내용 일부를 소개한다.

Santa 訪問에 관한 안내문
이 안내문을 英語와 漢字를 섞어서 쓰고 봉해 보내는 이유는 우리 어린이들이 Santa에 대한 神秘感을 지니게 하여 동심의 즐거운 追憶을 주기 위해서입니다. 幼兒들에게는 秘密로 해주세요. Santa 妖精이 와서 Card를 살짝 보시고 가서 膳物을 準備해주시는 것으로 幼兒들에게 이야기했습니다. 우리 어린이들은 이러한 期待感에 Santa Card를 예쁘게 꾸미고 받고 싶은 膳物을 2~3가지 적었습니다.

산타를 비롯하여 신비감, 추억, 선물 등의 단어를 일부러 영어와 한자로 적어 혹시 아이들이 이 통신문을 발견해도 내용을 알지 못하게 하려는 의도라고 한다. 이를 접한 네티즌들은 "동심을 지켜주는 훈훈한 안내문이다", "선생님이 꽤 치밀하다" 등의 반응을 보였다. 하지만 그들의 의견과 달리 필자는 심히 걱정스러웠다. 아이들에 대한 선생님의 따뜻한 배려는 눈물겹지만, 행여 부모들이 한자를 제대로 읽지 못하면 어쩌나 우려스러웠다. 필자의 기우였으리라 믿는다.

평소에 "우리가 사용하는 말의 70~80%는 한자어다"라는 말을 많이 들었을 것이다. 이에 대해 성균관대학교 전광진 교수는 "우리말 가운데 전문 용어의 90% 이상이 한자어다"라고 지적했다.

다음은 애국가의 한 구절이다.

無窮花 三千里 華麗江山,
大韓 사람 大韓으로 길이 保全하세.
(무궁화 삼천리 화려강산, 대한사람 대한으로 길이 보전하세.)

위의 24글자 가운데 16글자가 한자다. 한자를 모른다면 애국가의 가사가 무슨 내용인지 알 리 만무하다. 전 교수는 한·일 간 노벨상 수상자 스코어가 24대 0인 것을 한자 지식의 차이에서 찾고 있다.

일본은 초등학교 1학년 때부터 한자 교육을 실시한다. 그것이 창의성과 아이디어의 원천이 되고 있다. 반면 우리나라는 한자 교육이 전무하다. 한자는 영어로 'ideography', 즉 ideas(생각)와 graphy(화풍·도표)의 합성어다. 한자에는 수많은 생각과 아이디어가 담겨 있다고 해서 붙여진 명칭이다.

현미경만 열심히 들여다본다고 과학자가 되거나 창의가 생기는 것이 아니다. 접안렌즈의 '접안'은 닿을 접(接)과 눈 안(眼)이라는 의미 분석 능력이 있어야 '생각의 눈'을 뜰 수 있다. 먼저 말뜻부터 잘 알게 해주어야 한다. 지식기반이 없는 창의는 공상(空想)에 불과하다. (중략) 나무는 뿌리가 깊어야 하고, 사람은 생각이 깊어야 한다. 생각이 깊어지려면 표의문자인 한자를 잘 알아야 한다.

〈조선일보〉, 2014. 11. 5

2015년부터 이름에 사용할 수 있는 한자 수가 대폭 늘어났다. 인명용(人名用) 한자를 기존 5,761자에서 8,142자로 확대하는 내용을 담은 '가족관계의 등록 등에 관한 규칙' 개정안 때문이다. 이처럼 한국인은 한자와는 떼려야 뗄 수 없는 운명이다.

'과반(過半)을 넘겼다'라는 말의 의미

'구제역'이 발생했다는 소식이 전파를 타는 순간 온 나라가 발칵 뒤집힌다. 그런데 정작 구제역이 대체 어떤 병인지 아는 사람은 드물다. 한글만으로는 도무지 병의 의미가 전달이 되지 않는다. 영어는 'foot and mouth disease(FMD)'로 되어 있다. 발과 입의 병이란다. 그제야 대충 짐작이 간다.

그런데 이를 한자로 보면 '口蹄疫', 즉 '입(口)과 발굽(蹄)에 문제가 생기는 돌림병(疫)'이라는 의미 전달이 한결 뚜렷해진다. 실제로 구제역은 소나 돼지, 염소 등 발굽이 두 갈래로 갈라진 동물에게만 발생하는 급성 전염병이다.

영국의 시인 존 밀턴의 장편 서사시 《실낙원》. 이름만으로 유럽의 어느 정원이나 동물원 이름쯤으로 생각하는 사람들이 있다. 이를 한자로 쓰면 '失樂園'이다. 그러면 '낙원을 잃어버렸다(Paradise Lost)'라는 의미로, 제목의 의미가 뚜렷해진다.

'상록수'는 또 어떤가. '常綠樹', 즉 '계절과 무관하게 잎의 색이 늘 푸른 나무'를 가리킨다. 많은 사람이 지역이나 나무 이름쯤으로 알고 있을 게다.

혹시 '한산도 대첩'이 무엇인지 알고 있는가? 묻는 사람이 오히려 이상해 보일 것이다. 한산도 앞바다에서 이순신 장군이 이끄는 수군이 일본 수군을 크게 무찌른 전투로 진주 대첩, 행주 대첩과 함께 임진왜란의 3대 대첩으로 불린다. 여기서 정작 모르는 것은 '대첩(大捷)'의 의미다. 많은 사람이 상대와 크게 맞붙은 싸움 정도로 알고 있다. 실은 '큰 대(大), 이길 첩(捷)'으로 한산도에서 조선 수군이 일본 수군을 '크게 이겼다'라는 의미다.

의사
義士

의사
醫師

마찬가지로 '인상착의'의 뜻을 단순히 사람의 얼굴 모양새쯤으로만 안다. 사람의 생김새를 의미하는 인상(人相)과 옷차림을 가리키는 착의(着衣)가 함께한다는 사실을 한자를 모르면 뜻을 헤아리기 어렵다.

- 합의 직전에 무산되었다.
- 통폐합은 무산된 것이나 다름없다.
- 프로젝트는 한때 무산 위기까지 내몰렸다.

위의 세 문장에 등장하는 '무산'은 일상에서 별생각 없이 빈번하게 사용하는 단어다. 그럼에도 많은 사람이 무산의 정확한 의미를 알지 못한다. 단지 어떤 계획이나 일정 등이 없어(無)지거나 잘못된 정도로 이해할 뿐이다. 사실 그 의미는 '안개 무(霧), 흐릿할 산(散)', 즉 '안개가 걷히듯 사방으로 흩어져 없어지거나 흐지부지 취소된 것'을 가리킨다. 한자를 알면 의미를 더욱 명확하게 파악할 수 있다.

신문이나 방송을 접할 때마다 종종 속이 불편한 것이 하나 있다. '유명세를 탄다', '유명세를 얻었다', '유명세에 밀렸다' 등과 같은 말이다. 완벽한 오해다. 필시 해당 언론사 기자의 오해가 부른 실수다.

'유명세(有名稅)'란 이름이 널리 알려진 탓에 겪는 개인적인 불편이나 곤욕을 말하는데, 유명한 기세(氣勢)의 의미로 잘못 쓰고 있다. 말하자면, '유명해졌으니 그에 상당하는 대가(세금)를 지불해야 한다(penalty of popularity)'라는 의미다. '그건 일종의 유명세다', '그 정도의 희생은 유명세로서 어쩔 수 없다', '어찌 보면 유명인으로서 치러야 할 유명세를 치른 것 같다'와 같이 써야 옳다.

'과반(수)을 넘었다'라는 문장 또한 잘못된 표현이다. 과반(過半)이란 말에는 '이미 절반(半)을 넘었다(過)'라는 의미가 포함돼 있다. 그래서 '과반(수)이 되었다'로 사용하는 것이 올바르다.

한글 전용의 문제점

한글 전용의 가장 큰 문제점은 뭘까? 우리말로 쓰거나 읽는 소리는 같은데 그 뜻은 180도로 뒤바뀌는 '동음반의어(同音反義語)'의 존재다.

'삼성 라이온스 3연패!'라는 스포츠 신문의 헤드라인을 접했다고 가정하자. 삼성 라이온스가 계속해서 이겼다는 것인지, 계속해서 졌다는 것인지 곧바로 헤아리기 어렵다. 다시 말해, 잇달아 이기고 있다는 의미인 '연패(連覇)'와 잇달아 지고 있다는 의미인 '연패(連敗)', 어느 쪽인지 쉽게 예측할 수 없다. 정확히 파악하기 위해서는 전후 문장을 따져 보거나 기사를 끝까지 읽어봐야 한다. 만약 한자가 병기되어 있다면 단번에 승패의 여부를 알 수 있다.

널리 퍼져 있다는 '편재(遍在)'와 한곳에 치우쳐 있다는 '편재(偏在)',

물을 막는다는 '방수(防水)'와 물을 흘려보낸다는 '방수(放水)', 상을 받는다는 '수상(受賞)'과 상을 준다는 '수상(授賞)', 실제로 행사할 수 있는 권리나 권세라는 '실권(實權)'과 권리나 권세를 잃는다는 '실권(失權)' 등도 마찬가지다.

또 한자를 알면 우리말로 읽는 소리가 같은 경우(同音)일지라도 그 의미가 새롭고 다양하며 맛깔나는 문장이 가능해진다.

파리는 향수이다. 배낭여행이든 신혼여행이든 그때 그 시절 똑같이 자리를 지키는 도시의 모습에서 鄕愁를 엿본다. 반가움이 먼저. 정지된 듯한 시간 속에도 변화라는 우주는 있다. 도시 구석구석을 누리는 享受를, 또 사람 내음과 어울리는 香水가 기억 속에 맴돈다.

〈조선일보〉, 2015. 2. 26

그 외에도 결재(決裁)와 결제(決濟), 재고(再考)와 제고(提高), 인재(人材)와 인재(人災)를 구분하지 못해 황당한 일이 벌어지기도 한다.

이처럼 일상에서 사용되는 단어임에도 한글 전용만으로는 그 의미를 짐작하기 어렵거나 오해를 부르는 게 한두 개가 아니다. 그 결과, 자신들이 쓰고 있는 말에 대해 정확성은 물론이거니와 논리적이고 다양한 사고가 힘들어진다.

한글 전용은 문맹화 정책과
별반 다를 것이 없다.

근래 한자 교육을 둘러싼 청신호가 적신호로 바뀌었다. 교육부가 2014년부터 추진해온 '초등 한자 표기 정책'을 돌연 폐기했다. 2019년부터 초등학교 5~6학년 교과서에 한자를 표기할 예정이었다. 교육부의 폐기 이유가 "학습 부담과 사교육 유발을 우려한 결정"이라는 데 변명 치곤 상상력이 좀 빈곤해 보인다.

표준국어대사전에 실린 표제어 약 51만 개 중에 한자어는 58.5%로, 한글 고유어(25.5%)의 2배가 넘는다. 전국한자교육추진총연합회에 따르면, 고교 교과서의 색인에 등장하는 용어 중에 한자어 비율은 한국사 96.5%, 사회 92.7%, 생물 87.2%, 물리 76.2%, 화학 64.5%라고 한다.

그만큼 우리말에서 한자어의 비중은 절대적이다. 작게는 올바른 국어 사용과 정확한 이해를 위해, 크게는 세계 제2위의 경제 대국 중국과 제3위의 경제 대국 일본과의 원활한 소통을 위해 3국의 공통분모인 한자 교육은 필수다.

전 세계적으로 한자 사용 인구는 16억 명에 달한다. 이 수치는 앞으로 더욱 늘어날 전망이다.

이제 한자는 구시대의 사어(死語)가 아닌
21세기의 생존어(生存語)자,
한자(漢字)가 아닌 **한자(韓字)**가 되었다.

책과 영화 사이에서 고뇌하다

몇 년 전에 방영된 KBS 다큐멘터리 〈책 읽는 대한민국, 읽기 혁명〉에서 '책을 읽은 아이들과 그렇지 않은 아이들은 어떤 차이가 있을까?'에 대한 실험을 진행했다. 초등학교 6학년 학생들을 두 그룹으로 나누어서 한 그룹은 황순원의 단편소설인 〈소나기〉를 책으로 읽게 하고, 다른 그룹에는 영화를 보여주었다. 그리고 학생들에게 아무 예고 없이 소나기에 나오는 한 구절을 제시해주었다.

단발머리를 나풀거리며 소녀가 막 달린다.
갈밭 사잇길로 들어섰다.
뒤에는 상냥한 가을 햇살 아래 빛나는 갈꽃뿐.

잠시 후, 학생들에게 그림을 그려보라고 요청했다. 책을 본 아이들과 영화를 본 아이들은 과연 위의 구절을 어떻게 표현했을까? 결과는 놀라웠다.

영화를 본 학생들은 일관되게 종이 가운데에 냇물을 흐르고 건너편에 소녀가 앉아 있는 모습을 그렸다. 즉 영화에 나온 장면을 그대로 그림으로 옮긴 것이다.

반면에 책을 읽은 학생들은 어떤 그림을 그렸을까?

소녀를 강조한 학생도 있었고, 산에 문을 달아 소녀가 그 안으로 들어가는 모습을 그린 학생도 있었다. 영화를 본 학생들과 다르게 같은 그림을 그린 학생은 한 명도 없었다.

과연 이것은 무엇을 뜻하는 것일까? 책과 영화의 내용 자체는 같지만 영화를 본 학생들은 단 하나의 장면만을 강요당한 것이고, 책을 읽은 학생들은 자신만의 고유 이미지를 떠올린 것이다.

하늘과 땅만큼이나 큰 차이

책으로 접하는 것과 영화로 접하는 것은 동일한 내용일지라도 상당히 다른 느낌으로 다가온다. 때로는 두 매체의 괴리로 당황스러움이 느껴지기도 한다. 책과 영화의 세 가지 차이점을 살펴보자.

첫째, 능동과 수동의 차이
영화는 화려한 그래픽과 더불어 스토리가 빠르게 전개되기 때문에 관람자가 일방적으로 받아들이기만 할 뿐 스스로 재해석할 시간적 여유를 갖지 못한다. 반면 독자는 책을 읽는 내내 자신만의 이미지를 만들어가며 상상의 나래를 펼친다. 한마디로 읽는 사람이 누구냐에 따라 동일한 내용도 서로 다른 이미지로 받아들일 수 있는 것이다.
가령 《해리 포터》를 책으로 접한다고 하면 '마법 학교 호그와트로 가는 열차가 출발하는 9와 3/4 플랫폼은 어떤 곳일까'를 상상하며 책을 읽어나간다. 하지만 영화에서 '9와 3/4' 플랫폼은 단순히 벽을 통과하는 CG로 표현되었다. 그로 인해 상상력의 폭은 스크린에서 제시한 수준에서 딱 멈춰 서고 만다.

둘째, 에너지 소비량의 차이
창의력 계발에는 늘 고통이 따른다. 아무리 재미있는 책일지라도 그것을 읽어내려면 일정 시간과 에너지가 필요하다. 중간에 잠시 덮었다가 다시 책을 펼치면 그전에 읽었던 것을 재생하여 연결 고리도 찾아야 한다. 혹여나 잊기라도 했다면 다시 앞부분을 들춰봐야 한다. 반면에 영화는 길어도 2시간만 투자하면 끝을 본다. 게다가 푹신한 의자에 몸을 기대고 상상할 틈도, 그럴 필요도 없이 눈으로 즐기기만 하면 되기 때문에 책보다 훨씬 접하기 편하다.

요즘 청소년들은 스크린을 통해 들어오는 영화를 곧바로 소비하는 데 익숙한 세대다. 이 때문에 문장으로 된 스토리를 한 페이지씩 차분히 읽고 소화하며 상상의 나래를 펼치는 것을 상당히 낯설어한다. 그러다 보니 차츰 자신만의 생각을 피력하는 걸 힘들어한다.

발상과 창의력의 위기가 아닐 수 없다.

셋째, 다양성과 단순함의 차이

책 속에서는 등장인물의 생김새나 특정 공간의 배경, 상황 등이 글로 묘사되어 있을 뿐 그림으로는 보이지 않는다. 따라서 보이지 않는 등장인물이나 배경, 상황 등을 순수하게 자신만의 머리로 상상하며 그려 나간다. 하지만 동일한 스토리가 영화로 만들어지는 순간, 책에서 접했던 무궁무진한 상상의 폭이 단순화 혹은 구조(패턴)화되어버린다. 스크린에서 보여준 장면의 틀 안에서만 생각하면서 다양성은 사라지고 재단된 이미지만 남게 된다.

상상 이상을 보게 된다

책을 읽는다는 것은 능동적이고 다양한 사고의 힘을 길러줄 뿐 아니라 간접 경험을 통해 동서고금의 만사(萬事)를 접할 수 있다. 그래서 책은 창의력 함양을 위한 단연 최고의 도구라고 할 수 있다.

'무엇을 상상하든
그 이상을 보게 될 것이다.'

할리우드 블록버스터의 예고편에 종종 등장하는 강렬한 카피다. 극장을 찾은 이
들에게 엄청난 뭔가를 보여주겠다는 자신감 넘치는 표현이다. 이 카피에 속아 극
장을 찾지만 기대 이하의 영화가 기다릴 뿐이다. 이는 오히려 책 광고에 가장 잘
어울릴 법한 카피가 아닐까.

대학원을 졸업한 후 15년 만에 다시 도쿄로 돌아와 모교에서 1년간 연구년을 보냈다. 그동안 거리 풍경도, 사람들의 복장도, 생각도 제법 바뀌어 있었다. 가장 눈에 띄는 변화는 TV 프로그램이었다. 방송사별로 경쟁이라도 하듯 일본의 빼어남과 대단함을 알리는 데 여념이 없었다. 객관성을 확보하고자 외국 전문가들까지 초빙해 자화자찬에 열을 올리는 모습이 뭔가 낯간지럽기까지 했다.

　이는 일본의 위상이 점차 축소되면서 자신감을 잃고 불안하다는 반증이다. 그 틈새를 비집고 강력한 일본을 만들자며 소리를 높인 아베 정권이 대히트를 쳤다. 그렇다고 아베가 곧 일본은 아니다.

　수년 전 언론에서 한·일 두 국민을 대상으로 서로가 배워야 할 점(장점)을 꼽아 보도록 했다. 당시 우리 국민들은 일본의 '근면성'(49.5%)을 최고로 꼽았다. 그 밖에 '질서 의식'(43.9%), '친절'(36.7%), '예의 바름'(35.4%), '청결'(26.7%)이 거론되었다. 필자가 오랜만에 도쿄에 체류하면서 느낀 일본(인)은 이렇다.

- 친절하다.
- 인사성(예의)이 밝다.
- 약속 시간을 잘 지킨다.
- 남에게 폐 끼치는 것을 싫어한다.
- 안전 의식이 투철하다.
- 치안이 훌륭하다.
- 청결 의식이 뛰어나다.
- 공중도덕(준법정신)을 잘 지킨다.

- 장인 정신이 강하다.
- 섬세(디테일)하다.
- 전통문화를 소중히 여긴다.
- 쉽게 흥분하지 않는다.
- 다양성을 존중한다.(오타쿠 문화 수용)

딱히 새롭거나 특이한 정보들이 아니다. 대부분이 여론 조사나 각종 글, 일본 여행 등을 통해 접한 것들이리라. 필자가 가장 먼저 언급한 '친절'은 외국인들이 '일본인의 좋은 점' 1위로 꼽은 것이기도 하다.

일본인들은 인사성도 무척 밝다. "안녕하세요"를 시작으로 "죄송합니다", "감사합니다", "잘 부탁합니다" 등과 같은 예의 바르고 상냥한 인사를 입에 달고 산다. '동방예의지국'이라는 우리 민족의 타이틀을 일본과 함께 공유해도 무방하겠다는 생각이 들 정도다.

어서 오세요~

익히 잘 알려진 사실이지만, 일본인은 약속 시간을 잘 지키는 것으로 유명하다. 오히려 약속 시간보다 일찍 나와 있는 경우가 많다. 머리가 희끗희끗한 고참(?) 교수라고 예외는 없다. 상황이 이러하니 필자가 약속 시간 내에 도착한다 해도 항상 가장 늦게 도착하는 사람이 되었다. 이런 일본인이 가진 장점들은 동질성과 함께 구성원 간의 갈등 지수를 극단적으로 줄여 불필요한 거래 비용(사회적 비용)을 낮추고 숙성된 사회 통합에 밑거름이 되고 있다.

한편, 유학 시절과 연구년 기간을 포함해 오랜 시간 일본에서 생활했음에도 여전히 적응 혹은 납득하기 어려웠던 게 몇 가지 있다.

- 의사 표현이 애매하다.
- 더치페이(개인주의) 문화다.
- 교통비가 비싸다.
- 자기주장이 약하다.
- 의사 결정이 더디다.
- 소심하다.
- 속내를 잘 드러내지 않는다.
- 끈끈하고 친밀한 관계 형성이 쉽지 않다.
- 절차가 까다롭다.(도장이 없으면 은행 계좌를 만들 수 없다.)
- 수수하고 무난한 걸 좋아한다.
- 밑반찬 하나 없이 시킨 음식만 달랑 나온다.(꽤 매정하게 느껴진다.)
- 한때 '전자 왕국'이라 불렸던 일본이 IT(인터넷) 활용과 스마트폰 보급률 등에서는 의외로 저조하다.

일본인들은 애매하게 의사를 표현하는 경우가 많다. 좋게 말하면, 완곡하게 말해 상대방에게 상처를 주지 않겠다는 배려에서 비롯한 것이다. 하지만 외국인의 눈에는 'Yes'인지, 'No'인지 쉽게 파악이 되지 않는다. 오죽했으면 해외에서 일본인의 의사 표현을 이렇게 비꼬았을까.

'Yes is maybe. Maybe is no. No is nothing.'

한국인에게 익숙하지 않은 더치페이 문화도 왠지 정감이 가지 않는다. 어떻게 보면 자기가 먹은 만큼만 계산하는 것은 상당히 합리적이지만 그럼에도 친한 동료들끼리 600엔 하는 라면 한 그릇씩 먹고 각자 몫만 지불하는 모습은 매정하게 느껴졌다. 음료수 하나도 좀처럼 쏘는 법이 없다. 문화적 차이라고는 하지만 우리나라 사람들이 보면 조금 치사하고, 쩨쩨해 보인다.

또한 교통비가 턱없이 비싸다. 일본의 신칸센과 한국의 KTX를 비교하면 요금이 3배가량 차이가 난다. 전철(지하철)도, 택시도, 시내버스도 우리나라에 비해 너무 비싸다. 비싼 요금 덕분에 승객의 안전성이 보장된다고는 하지만 한국과 대비되어 자꾸만 안주머니가 움츠러든다.

앞서 언급한 일본(일본인)의 장단점은 물론, 본문의 내용 또한 필자의 주관적 생각이 담긴 만큼 관점에 따라 반대의 의견이 얼마든지 오갈 수 있음을 밝혀 둔다.

자, 이제 이 책을 덮을 시간이 다가왔다. 《논어(論語)》의 〈이인편(里仁篇)〉에 나오는 대목을 소개하는 것으로 마무리를 대신한다.

어느 날 공자(孔子)가 제자인 증자(曾子)에게 이런 말을 했다.

"나의 도(道)는 한 가지로
일관되어 있다(吾道一以貫之)."

공자가 자리를 뜬 뒤 그 말의 의미를 궁금해하는 사람들에게 증자는 이렇게 일러주었다.

"선생님의 도는 바로 충(忠)과 서(恕)
두 가지뿐입니다(夫子之道' 忠恕而已矣)."

공자의 도는 바로 '충'과 '서'라는 것이다. 충(忠)의 본래 의미는 국가에 대한 충성이 아니다. 충이란 한자를 살펴보면 '마음 심(心)' 위에 '가운데 중(中)'이 있다. 즉 중심을 꽉 잡아 치우침 없는 자신의 곧은 마음을 일컫는다.

서(恕)라고 하는 한자에는 '마음 심(心)' 위에 '같을 여(如)'가 있다. 마음이 다른 사람과 같아지는 것을 가리킨다. 타인의 심정과 고통, 상황 등을 헤아리는 이른바 역지사지의 공감 능력이라 해도 좋다.

공자가 언급한 충(忠)과 서(恕)는
'자신의 곧은 마음으로
타인의 심중을 헤아리는 것'을 의미한다.

오늘날 한·일 두 나라에 가장 필요한 것은 공자의 도(道)인 충(忠)과 서(恕), 이두 글자가 아닐까. 이제 불행했던 과거를 넘어 행복해야 할 미래에 관한 논의가 이루어졌으면 한다. 더불어 감정보다는 이성에, 명분보다는 실리와 계산에 무게 중심이 실렸으면 좋겠다. 꼭 그렇게 돼야 한다.

참고문헌

- 김광희(2018), 《창의력에 미쳐라》, 넥서스BIZ
- 김광희(2018), 《창의력을 씹어라》, 내하출판사
- 김광희(2018), 《미친 발상법》, 넥서스BIZ
- 김광희(2018), 《누워서 읽는 경영학 원론》(개정 2판), 내하출판사
- 김광희(2016), 《생각 밖으로 나가라》, 넥서스BIZ
- 김광희(2015), 《일본의 창의력만 훔쳐라》, 넥서스BIZ
- 김광희(2013), 《미친 발상법》, 넥서스BIZ
- 김광희(2013), 《누워서 읽는 경영학 원론》, 내하출판사
- 김광희(2012), 《당신은 경쟁을 아는가》, 넥서스BIZ
- 김광희(2011), 《창의력은 밥이다》, 넥서스BIZ
- 김광희(2011), 《누워서 읽는 마케팅 원론》, 내하출판사
- 김광희(2010), 《창의력에 미쳐라》, 넥서스BIZ
- 김광희(2009), 《미니멈의 법칙》, 토네이도
- 김광희(2008), 《유쾌한 이야기 경영학》, 내하출판사
- 김광희(2007), 《부자들의 경영학 카페》, 국일증권경제연구소
- 김광희(2006), 《유쾌한 팝콘 경쟁학》, 국일증권경제연구소
- 김광희(2005), 《누워서 읽는 경영학 원론》, 내하출판사
- 김광희(2004), 《상식이란 말에 침을 뱉어라》, 넥서스BIZ
- 김광희(2004), 《이수일은 심순애를 어떻게 꼬셨나》, 넥서스BOOKS
- 김광희(2003), 《네 안에 있는 파랑새를 키워라》, 미래와경영
- 김광희(2003), 《경영학을 씹어야 인생이 달콤하다》, 미래와경영
- 짐 랜덜, 김광희·김대한 역(2013), 《창의력, 쉽다》, 상상채널
- 엔도 이사오, 손애심·김광희 역(2008), 《끈질긴 경영》, 국일증권경제연구소
- 조경엽·강동관(2015), 《이민 확대의 필요성과 경제적 효과》, 한국경제연구원
- Jim Randel(2010), "The Skinny on Creativity: Thinking Outside the Box", Rand Media Co
- Paul Sloane(2010), "How to be a Brilliant Thinker: Exercise Your Mind and Find Creative Solutions", Kogan Page
- Roger Von Oech(2002), "Expect the Unexpected: A Creativity Tool Based on the Ancient Wisdom of Heraclitus", Berrett-Koehler Publishers
- Edward De Bono(1985), "New Think", Avon Books
- 張 相秀(2015), 《サムスン・クライシス》, 文藝春秋
- 坂上仁志(2015), 《経営理念の考え方・つくり方》, 日本実業出版社
- 《物語のある広告コピーシリーズ広告編》(2014), PIE
- 《物語のある広告コピー》(2013), PIE
- 高島俊男(2013), 《漢字雑談》, 講談社現代新書
- 宮田矢八郎(2013), 《収益結晶化理論》, ダイヤモンド社

- 宇都宮恒久(2012),《山奥の小さなタクシー会社が届ける　幸せのサービス》,日本能率協会マネジメントセンター
- 石井光太(2009),《絶対貧困》,光文社
- 重久篤太郎(1941),《日本近世英學史》,教育圖書株式會社
- 日本經濟新聞社,《日経ビジネス》,각 호
- 朝日新聞社,《週刊朝日》,각 호
- 朝日新聞社,《AERA》,각 호
- プレジデント社,《プレジデント》,각 호
- 東洋經濟新報社,《東洋經濟》,각 호
- 일간 신문(〈조선일보〉,〈중앙일보〉,〈동아일보〉,〈매일경제〉,〈한국경제〉,〈한겨레〉,〈朝日新聞〉,〈日本經濟新聞〉 등)